왕의 자녀로 세우는
엄마의 축복 기도문

왕의 자녀로 세우는
엄마의 축복 기도문

2009년 12월 10일 초판 1쇄 펴냄
2010년 08월 20일 초판 2쇄 펴냄

글쓴이 김 선 정
펴낸이 이 정 범
펴낸곳 겨 자 씨
주   소 (158-723) 서울 양천구 목동 917-9 현대41타워 1906호
신   고 제2005-000052호
전   화 (02) 2647-0381 Fax (02) 2168-4199
E-mail ejbum@kebi.com

ⓒ 2009, 김선정

값은 뒤표지에 씌어 있습니다.
본문의 성경은 성경전서 개역 개정판을 인용했습니다.
잘못된 책은 구입하신 곳에서 바꾸어 드립니다.

Printed in Korea

ISBN 978-89-6300-060-2 03230

왕의 자녀로 세우는

엄마의 축복 기도문

김선정

겨자씨

책을 내면서

　엄마로 산다는 것은 참 두려운 일입니다. 아이들은 나에게 전적으로 의존하는데, 사실 엄마가 아이들에게 줄 수 있는 것은 참 제한적입니다. 모난 성품, 부족한 인격으로 오히려 아이들에게 상처를 주는 사람이 되기도 합니다.

　언제 있을지 모르는 사고로부터 아이들을 지킬 능력도 없습니다. 심지어는 아이들이 자랄 때까지 곁에 있겠다는 약속도 할 수 없습니다. 나 자신의 건강이나 안전을 내가 장담할 수 없기 때문입니다.

　어떤 때는 더 잘하려고 한 일이 아이에게 해가 되는 경우도 있습니다. 엄마의 욕심으로 아이의 영혼이 병들기도 합니다. 하나님의 청지기가 되어 귀한 아이들을 맡아 기르고 있지만, 생각해 보면 엄마 힘으로 할 수 있는 일은 아무

것도 없습니다.

　엄마가 할 수 있는 것은 오직 기도뿐입니다. 모든 것이 하나님 손에 있기 때문입니다.

　40여 년 동안 신앙생활을 했어도, 목회자의 아내가 되었어도, 기도는 여전히 어렵습니다. 때로는 기도하겠다고 마음먹은 것만으로, 스스로 기도하고 있는 줄 속기도 합니다. 때로는 내 욕심에 가득 찬 기도만 드릴 때도 있습니다. 기도가 하나님과 대화하는 것이라고 말하면서도, 하나님 말씀은 듣지 않고 내 주장을 관철시키려 하나님께 떼를 쓸 때도 있습니다.

　하나님은 "용서하라. 사랑하라." 하고 명령하시는데, "용서하게 해 주세요. 사랑하게 해 주세요." 하며 책임을 하나님께 넘기기도 합니다. "네, 용서하겠습니다. 도와주세요."라는 대답은 너무나 부담스럽습니다.

이 책은 세 아이를 키우면서 드렸던 저의 간구와 부끄러운 고백입니다. 내가 보호할 수도, 소유할 수도, 감시할 수도 없는 아이들의 손을 잡아 하나님께 쥐어 드리는 마음으로 쓴 기도문입니다. 하나님만이 아이들의 참된 보호자가 되십니다.

하나님의 사람으로 자라기 위해 어떤 부분이 필요한가 생각해 보았습니다. 그래서 비전과 성품과 재능과 믿음과 아이의 환경을 위해 간구했습니다.

또 하나님은 어떻게 간구하기 원하시는가 생각해 보았습니다. 그래서 무조건 하나님께 달라, 달라 하지 않고, 하나님의 말씀에 반응하며 의지적으로 결단하며 고백했습니다. 아이의 신앙이 자라게 해 달라고 간구하면서, 엄마가 어떻게 할지 결단하고 도우심을 구했습니다.

뒤에는 성경 속에 있는 축복의 말로 아이들을 축복하는 기도와 아이를 키우면서 비로소 하나님을 더 잘 알기 시작했던 개인적인 고백 기도들을 실었습니다. 어떤 것은 너무 개인적이기도 합니다. 그러나 아이를 키우는 엄마들이라면 공감할 수 있으리라 여겨 실었습니다.

이 책에 나오는 이름들은 독자들의 사랑하는 자녀 이름

으로 바꾸어서 기도할 수 있도록 저의 세 딸과 섬기는 교회 어린이들의 이름을 넣었습니다.

    모쪼록 이 작은 책이 자녀의 손을 하나님 손에 쥐어 드리는 일에 쓰이기를 소원합니다. 그리고 엄마의 입술에 늘 기도가 머물게 하는 길잡이가 되기를 소원합니다.

> 주 여호와께서 이같이 말씀하셨느니라 그래도 이스라엘 족속이 이같이 자기들에게 이루어 주기를 내게 구하여야 할지라 _겔 36:37

지은이

차 례

하나님의 가치관을 갖게 하기 위한 기도 · 12

왕의 자녀로 살게 하소서 • 하늘 소망을 바라게 하소서 • 하나님의 가치관을 배우게 하소서 • 하늘이 닫힐 때 기도하게 하소서 • 지, 정, 의가 바르게 성장하게 도우소서 • 속사람이 강건하게 하소서 • 올바른 시각을 주소서 • 물질을 하늘에 쌓게 하소서 • 문제 너머에 계신 하나님을 보게 하소서 • 가정을 소중히 여기게 하소서 • 단점으로 인해 감사하게 하소서 • 듣는 것을 축복하소서 • 외모로 인해 마음이 병들지 않게 하소서

비전과 재능을 위한 기도 · 40

비전을 알게 하소서 • 좋은 성품 가진 남편을 만나게 하소서-딸을 위한 배우자 기도 • 발전하게 하는 아내를 만나게 하소서-아들을 위한 배우자 기도 • 하나님 말씀에 근거한 비전을 갖게 하소서 • 이웃을 도울 만큼의 재물을 주소서 • 비전을 향해 가는 길을 즐기게 하소서 • 구체적인 목표를 주소서 • 실패를 두려워하지 않게 하소서 • 봉사하는 삶이 되게 하소서 • 창조주 하나님의 창의력을 주소서 • 있는 자리에서 하나님의 영광을 드러내게 하소서 • 실력을 쌓게 하소서 • 건강한 자부심을 주소서 • 불가능을 뛰어넘게 하소서 • 마음이 큰 사람 되게 하소서 • 유머 감각을 주소서 • 흔들리지 않는 리더십을 주소서 • 손과 발을 축복하소서 • 보는 것을 축복하소서 • 좋은 취미를 갖게 하소서

모든 삶의 베이스-묵상과 기도 · 80

영적 훈련을 할 수 있게 하소서 • 말씀을 사모하게 하소서 • 하나님의 말씀을 듣고 기도하게 하소서 • 말씀 암송을 도와주소서 • 성경 공부를 하게 하소서 • 바른 기도를 하게 하소서 • 기도의 골방을 주소서

인생을 바꾸는 습관을 위한 기도 · 96

바쁜 일이 중요한 일의 자리를 빼앗지 않게 하소서 • 밤을 축복하소서 • 학습의 우선순위를 알게 하소서 • 부산한 아침 시간을 바꿔 주소서 • 아껴 쓰는 습관을 기르게 하소서 • 질서를 배우고 사랑을 나누는 식사 시간이 되게 하소서 • 정리 정돈이 쉬운 일이 되게 하소서 • 운동으로 필요한 체력을 갖추게 하소서 • 좋은 책을 읽게 하소서 • 공부를 즐거워하게 하소서 • 사람을 세우는 사람이 되게 하소서 • 축복하는 입술이 되게 하소서 • 바른 자세로 생활하게 하소서

하나님 손을 붙잡는 신앙생활을 위한 기도 · 124

성령 충만하게 하소서 • 개인적인 신앙 체험을 주소서 • 세상의 소금과 빛이 되게 하소서 • 인격적으로 주님을 만나게 하소서 • 십일조하는 신앙을 갖게 하소서 • 예배를 기뻐하게 하소서 • 다윗처럼 찬송하게 하소서 • 이 땅을 살아가는 데 필요한 은사를 주소서 • 친구를 전도하고픈 열정을 주소서 • 봉사의 즐거움을 알게 하소서 • 영의 눈을 뜨게 하소서 • 주님을 닮는 데까지 자라게 하소서 • 고난 중에 찬송하게 하소서

삶을 풍요롭게 하는 좋은 성품을 위한 기도 · 150

정직하게 하소서 • 사랑하는 일이 쉬운 자녀가 되게 하소서 • 순종하는 자가 되게 하소서 • 화평케 하는 자가 되게 하소서 • 넓은 마음을 주소서 • 공감 능력을 주소서 • 효도하는 아이가 되게 하소서 • 착한 마음을 주소서 • 마음을 새롭게 하소서 • 자신감을 갖고 도전하게 하소서 • 겸손하게 하소서 • 다른 사람을 배려하게 하소서 • 참을 줄 아는 힘을 주소서 • 책임감을 갖게 하소서 • 입술에 하나님의 지혜를 부어 주소서 • 용서하게 하소서

아이의 환경을 위한 기도 · 184

가정이 화목하게 하소서 • 키와 신체가 잘 자라게 하소서 • 갑자기 당하는 위험으로부터 보호하소서 • 좋은 친구를 주소서 • 세상의 무서운 환경에서 보호하소서 • 무신론의 위험에서 보호하소서 • 다니는 학교를 축복하소서 • 학교에서 능동적이게 하소서 • 좋은 선생님을 만나게 하소서 • 시험으로 인해 성장하게 하소서 • 입시제도에 멍들지 않게 하소서 • 사춘기에 복을 주소서

마음이 아픈 아이를 위한 치유기도 · 210

고집 센 아이를 위한 치유기도 • 컴퓨터 중독 아이를 위한 치유기도 • 소심한 아이를 위한 치유기도 • 욕심 부리는 아이를 위한 치유기도 • 폭력적인 아이를 위한 치유기도 • 산만한 아이를 위한 치유기도 • 죄 지었을 때 드리는 기도

매일 아이를 축복하는 기도 · 226

아이를 꼭 끌어안고 귀에 속삭여 주는 기도(스바냐 3:17) • 주일 아침에 드리는 기도(시편 20:1-5) • 월요일 아침에 드리는 기도(민수기 6:24-26) • 화요일 아침에 드리는 기도(창세기 12:2-3) • 수요일 아침에 드리는 기도(에베소서 3:16-19) • 목요일 아침에 드리는 기도(요한삼서 1:2) • 금요일 아침에 드리는 기도(시편 103:3-5) • 토요일 아침에 드리는 기도(로마서 15:13)

• 아이와 함께 자라는 엄마 ─
아이를 키우며 하나님을 알아가는 엄마의 기도 · 236

아이를 주신 하나님, 감사합니다 • 기뻐할 수 없는 진짜 이유는 다른 데 있습니다 • 부모님께 받은 사랑의 빚을 생각합니다 • 기저귀를 갈며 하나님을 알아갑니다 • 엄마다운 엄마가 되게 해 주소서 • 낮은 자존감을 회개합니다 • 아직도 저는 아이입니다 • 자녀를 기다릴 힘을 주소서

하나님의 가치관을 갖게 하기 위한 기도

가르치기 보다 한 발 앞선 엄마의 기도

하늘이 땅보다 높음같이
하나님의 생각은 우리 생각으로 헤아릴 수 없습니다.
손바닥만 한 소견을 가지고 하나님을 판단하고,
때로는 이해할 수 없다며 고개를 흔든 저를 불쌍히 여겨 주옵소서.
사람들이 진리라고 생각하는 사필귀정이나 다수결, 합리적인 이론도
하나님의 사랑 앞에서는 한낱 휴지 조각 같은 가치관입니다.
하나님, 하나님의 가치관으로 저를 가르쳐 주옵소서.
하나님이 중요하게 생각하시는 것을
저도 중요하게 생각하겠습니다.
하나님이 하찮게 생각하시는 것을
저도 하찮게 생각하겠습니다.
그리하여 제 자녀를 그 길로 인도하겠습니다.

왕의 자녀로 살게 하소서

이 세상의 주인이신 하나님, 우리를 하나님의 자녀로 삼아 주심을 감사드립니다. 보잘것없는 피조물인 저희에게 존귀의 관을 씌우시고 너는 내 아들이라고 말씀하시니 감사합니다. 우리 다현이가 하나님의 자녀 된 복을 누리게 하옵소서. 왕의 자녀로 살아가게 하여 주옵소서.

어깨를 당당히 펴고 세상을 향해 나아갈 수 있도록 도와주옵소서. 왕의 자녀답게 당당하게 하나님의 영광을 선포하도록 도와주옵소서. 세속의 권위에 눌려 세속에 지배받고 살지 않도록 도와주옵소서. 세상을 따라가고 세상 문화의 지배를 받는 다현이가 아니라, 세상을 이끌어나가는 다현이가 되도록 도와주옵소서. 세상 문화를 향한 하나님의 뜻을 분별하고 나아가도록 도와주옵소서. 세상을 따라가다가, 목표를 잃어 표류하는 배처럼 흔들리지 않게 도와주옵소서.

예수님을 시험할 때처럼, 사탄은 세상이 자기 것인 것처럼 행동합니다. 천하 만물과 이 세상 영광이 자기 것인 양 큰소리칩니다. 그러나 참 주권자는 하나님이십니다. 우리 다현이가 이 사실을 깊이 알고, 세상에서 왕 노릇하려고 발버둥치지 않게 해 주옵소서. 하나님 자녀로서의 자존감을 가지고 살아갈 수 있도록 도와주옵소서. 왕 같은 제사장이 되어 하나님의 덕을 선전하는 아이가 되게 해 주옵소서.

이 세대를 본받지 말고, 참된 왕권을 가진 하나님 외에 아무도 두려워하지 않는 사람이 되기를 원합니다. 삶의 모든 영역에서 하나님의 주권을 선포하게 해 주옵소서. 세상 속에 살지만 세상을 거슬러 살 수 있도록 도와주옵소서.

왕이신 예수님의 이름으로 기도합니다. 아멘.

그러나 너희는 택하신 족속이요 왕 같은 제사장들이요 거룩한 나라요 그의 소유가 된 백성이니 이는 너희를 어두운 데서 불러내어 그의 기이한 빛에 들어가게 하신 이의 아름다운 덕을 선포하게 하려 하심이라 (벧전 2:9)

하늘 소망을 바라게 하소서

하늘에 계신 하나님 아버지, 우리 주예가 하늘 소망을 바라게 해 주옵소서. 하나님을 바라보며 위로와 평안을 누릴 수 있도록 도와주옵소서.

이 세상은 죄로 인해 더럽혀지고 어그러져 있습니다. 때로는 우리가 감당하기 어려운 힘든 일도 만납니다. 우리 주예를 보면 형제들 사이에서 부당하다고 외칠 때도 있고, 사람들 시선 때문에 과도히 야단하는 엄마로 인해 마음에 상처를 받을 때도 있습니다. 성도들이 뭐라고 하는 소리가 듣기 싫어서, 다른 아이들이라면 야단맞지 않을 일도 심하게 꾸중 듣는 일이 있습니다. 아이의 바람막이가 되어 주어야 할 엄마가 오히려 가장 깊은 상처를 주는 사람이 될 때도 있습니다.

하나님, 부족한 저로 인해 받는 상처들, 죄에 물든 세상에서 받는 상처들, 주님이 만져 주시고 위로해 주옵소서. 저는 우리 주예의 마음을 다 위로할 수 없지만 하나님은 아시오니, 주예에게 하늘 소망을 주옵소서. 하나님만을 바라는 믿음을 주옵소서. 이 땅의 것들이 주는 위로의 한계를 알게 하시고, 하늘에 시민권을 두고 살아갔던 수많은 믿음의 선배들처럼 하늘 소망을 갖도록 도와주옵소서.

위로자 되시는 예수님의 이름으로 기도합니다. 아멘.

그러나 우리의 시민권은 하늘에 있는지라 거기로부터 구원하는 자 곧 주 예수 그리스도를 기다리노니 (빌 3:20)

하나님의 가치관을 배우게 하소서

모든 것을 아시는 하나님, 현이가 하나님의 가치관을 배우게 해 주옵소서. 주님이 귀하게 여기시는 일에 시간과 정열을 투자하고, 주님이 하찮게 생각하시는 일은 자기도 하찮게 여길 수 있도록 그의 가치관을 변화시켜 주옵소서. 꼭 지켜야 할 것과 넘겨도 될 일을 구분하게 도와주옵소서. 목숨 걸고 지켜야 할 것과 양보해도 좋은 일을 구분하게 해 주옵소서. 싸우며 지켜야 할 일 앞에서 비겁하지 않게 도와주시고, 양보해도 좋은 일 앞에서 분을 내며 싸우지 않도록 도와주옵소서.

거짓이 진리를 거스를 때는 용기 있게 일어나게 하시되, 주님이 중요하게 생각하시지 않는 것들에 대해서는 넉넉한 마음을 가질 수 있게 도와주옵소서.

주님이 화내시는 일, 주님이 끝까지 사수하고자 하시는

일에 대해 함께 지키게 하시고, 주님이 대수롭지 않게 생각하시는 일, 주님이 넘겨 버리시는 일에 대해서는 훌훌 털고 일어설 수 있는 넓은 마음을 주옵소서.

마르다처럼, 주님을 섬긴다는 명목에 매여, 주님의 마음을 헤아리고 주님의 말씀 듣는 일에 소홀하지 않도록, 주님과 코드를 맞출 수 있는 마음을 주옵소서. 무엇이 더 가치 있는 일인지, 무엇이 더 소중한 일인지 구별할 수 있는 안목을 주옵소서.

모든 가치관의 기준이신 예수님의 이름으로 기도합니다. 아멘.

> 주의 진리로 나를 지도하시고 교훈하소서 주는 내 구원의 하나님이시니 내가 종일 주를 기다리나이다 (시 25:5)

하늘이 닫힐 때 기도하게 하소서

생각대로 일이 이루어지지 않을 때, 예기치 않은 고난이 다가올 때, 하나님을 기억하고 겸비하라고 말씀하신 하나님, 예성이가 고난의 때에 하나님 앞에 스스로 낮추고 하나님의 얼굴을 구하게 도와주옵소서.

욥과 같이 이유 없는 고난을 당하는 일이 세상에 있으나, 이스라엘 백성이 그릇된 길로 갈 때 징계의 채찍을 드셨던 것처럼, 이유 있는 고난이 더 많음을 기억하게 하옵소서. 세상에 우연히 일어나는 일이 없음을 알게 하시고, 닫힌 문 앞에서 주님이 보이시고자 하는 뜻을 깨닫게 도와주옵소서. 혹시 돌아보아야 하는 악은 없는지 깨닫게 해 주옵소서.

하나님이 하늘을 닫으실 때, 하나님이 사람의 손으로 이룬 것을 허무실 때, 이길 수 없는 질병과 천재가 있을 때,

영적으로 민감하여 하나님의 메시지를 들을 수 있게 해 주옵소서. 영이 아둔하여 모든 일을 우연으로만 알지 않도록 도와주옵소서. 그리고 하나님 앞에서 스스로 겸비하고 돌아보아, 간구할 수 있도록 도와주옵소서.

혹 돌이켜야 할 죄가 있다면 돌이키게 하옵소서. 혹 하나님의 손을 놓고 있었다면 다시 하나님을 찾을 수 있게 하옵소서. 혹 공동체의 죄를 물으시는 일이라 하더라도, 중보자로 하나님 앞에 설 수 있는 마음을 허락하여 주옵소서. 겸비한 마음으로 늘 하나님의 얼굴을 찾는 예성이가 되도록 도와주옵소서.

마음이 가난한 자의 기도를 들으시는 예수님의 이름으로 기도합니다. 아멘.

> 혹 내가 하늘을 닫고 비를 내리지 아니하거나 혹 메뚜기들에게 토산을 먹게 하거나 혹 전염병이 내 백성 가운데에 유행하게 할 때에 내 이름으로 일컫는 내 백성이 그들의 악한 길에서 떠나 스스로 낮추고 기도하여 내 얼굴을 찾으면 내가 하늘에서 듣고 그들의 죄를 사하고 그들의 땅을 고칠지라 (대하 7:13, 14)

지, 정, 의가 바르게 성장하게 도우소서

하나님의 형상에 따라 사람을 창조하신 하나님, 예찬이에게 하나님의 형상을 심어 주셔서 감사합니다. 예찬이가 하나님의 지혜를 배우는 어린이로 자라게 해 주옵소서. 하나님의 형상대로 지, 정, 의가 바르게 성장하게 도와주옵소서.

먼저 예찬이의 지성이 훈련을 받을 수 있도록 도와주옵소서. 그리하여 바른 세계관을 지니고, 하나님의 기준대로 지극히 선한 일과 악한 일을 분별할 수 있게 하옵소서. 지혜가 자라 올바로 판단하며, 매사에 지혜롭게 일처리를 할 수 있도록 도와주옵소서.

또 예찬이의 감정이 훈련을 받기 원합니다. 우는 자들과 함께 울고 기뻐하는 자들과 함께 기뻐할 수 있게 도와주옵소서. 고통당하는 형제를 보고 무관심하지 않게 도우시고,

기뻐하는 형제를 보고 배 아파하거나 무시하지 않도록 도와주옵소서. 악한 감정의 노예가 되어 작은 일에 분노하며 살아가지 않도록 도와주옵소서.

의지가 훈련받기를 원합니다. 해야 하는 일을 두고 세월을 마냥 허송하지 않게 도와주옵소서. 뜻을 세우고, 흔들림 없이 뜻을 향해 길을 갈 수 있는 의지력을 주옵소서.

우리의 지, 정, 의를 지으신 하나님, 예찬이의 지, 정, 의를 만져 주셔서 주님이 원하시는 모양으로 빚어 주옵소서.

예수님의 이름으로 기도합니다. 아멘.

그러므로 너희는 하나님이 택하사 거룩하고 사랑 받는 자처럼 긍휼과 자비와 겸손과 온유와 오래 참음을 옷 입고 누가 누구에게 불만이 있거든 서로 용납하여 피차 용서하되 주께서 너희를 용서하신 것 같이 너희도 그리하고 (골 3:12, 13)

속사람이 강건하게 하소서

사랑의 주님, 오늘도 저희에게 생명 주시고 좋은 날을 주셔서 감사합니다. 주님이 주신 귀한 생명을 감사하며 강하게 살아갈 수 있도록 도와주옵소서.

요즘 아이들 가운데는 작은 어려움도 견뎌 낼 힘이 없어 스스로 목숨을 버리는 아이들이 있습니다. 작은 실패에 희망을 잃어버릴 만큼 속사람이 연약한 까닭입니다. 온실 속 화초처럼 자라 심성이 연약한 까닭입니다. 실패해도 또 일어서고, 넘어져도 또 일어서는 오뚝이 같은 의지가 없습니다.

우리 속사람을 만드신 하나님, 예진이의 속사람을 강건하게 붙잡아 주옵소서. 실패와 좌절까지도 넉넉하게 품을 수 있는 강한 속사람을 주옵소서. 보도블록 틈새에 있는 그 좁은 흙 속에 뿌리를 내리고 자라는 잡초처럼, 작은 가능성에도 희망의 뿌리를 내리고 단단하게 서서 살아갈 수 있도록, 우리 예진이의 속사람을 강건하게 붙잡아 주옵소서. 내면에 강한 힘을 주옵소서. 성적이 떨어졌다고, 원하는 일이 틀어졌다고, 조그만 어려움이 생겼다고 절망하고 수그러드는 일 없게 도와주옵소서.

주님의 강한 손으로 붙들어 주셔서, 세상의 어떤 어려움도 주님의 자녀를 아주 넘어뜨리지 못한다는 것을 알도록 하옵소서. 또 속사람을 강하게 하셔서 세상과 맞설 수 있는 당당함을 갖게 해 주옵소서. 골리앗 앞에 섰던 다윗의 용기를 주옵소서.

예수님의 이름으로 기도합니다. 아멘.

> 그의 영광의 풍성함을 따라 그의 성령으로 말미암아 너희 속사람을 능력으로 강건하게 하시오며 (엡 3:16)

올바른 시각을 주소서

진리이신 하나님, 재빈이에게 올바른 시각을 주옵소서. 하나님을 보는 올바른 시각을, 세상을 보는 올바른 시각을, 사람을 보는 올바른 시각을 주옵소서.

하나님을 보는 시각을 바르게 해 주시어, 하나님을 너무 멀게만 느끼지 않도록 도와주옵소서. 내 옆에서 나를 사랑하시고 도와주시는 친밀한 하나님을 알게 하옵소서. 하나님을 심판 주로만 여겨 두려움에 떨지 않게 하시고, 소원을 들어주는 요술램프의 지니처럼 여겨 하나님을 부리려 하지 않게 하옵소서.

세상을 보는 시각을 바르게 해 주시어, 옳은 것과 그른 것을 판단할 수 있는 지혜를 주옵소서. 많은 사람이 말하는 것을 따르지 않고 옳은 것을 따르게 해 주옵소서.

사람을 볼 때는 사랑의 시선으로 볼 수 있게 도와주옵소서. 사람의 동기를 의심하여 꼬아 보거나, 선입견을 가지고 굴절해 보지 않게 도와주옵소서. 있는 모습 그대로를 볼 수 있는 마음을 주시고, 지나치게 해석하지 않도록 도와주옵소서. 혹 마음이 꼬인 사람을 만나게 될 때에도 그를 불쌍히 여기는 마음을 주옵소서.

하나님이 세상을 바라보시는 그 시각으로 세상과 사람을 바라볼 수 있는 재빈이가 되도록 이끌어 주옵소서.

예수님의 이름으로 기도합니다. 아멘.

> 너희로 하여금 모든 신령한 지혜와 총명에 하나님의 뜻을 아는 것으로 채우게 하시고 주께 합당하게 행하여 범사에 기쁘시게 하고 모든 선한 일에 열매를 맺게 하시며 하나님을 아는 것에 자라게 하시고 (골 1:9, 10)

물질을 하늘에 쌓게 하소서

날마다 일용할 양식을 채우시는 하나님, 오늘도 우리에게 풍족한 삶을 주셔서 감사합니다. 구하지 않아도 있어야 할 것을 다 아시고 미리 채워 주시니 감사합니다.

하나님, 우리 재이가 이 땅에 살면서 풍족한 마음으로 살아갈 수 있게 도와주옵소서. 눈에 보이는 것에만 마음을 팔지 않도록 하시고 하나님이 주신 것을 움켜쥐지 않고 나눌 수 있도록 도와주옵소서. 가난한 사람을 구제하는 것이 하늘에 양식을 쌓는 것이라 하신 말씀을 기억하고 좀과 도둑이 해치지 않는 하늘에 저금하게 하여 주옵소서.

이 일을 위해 저의 인색한 마음을 다스려 주옵소서. 제가 먼저 손을 펴서 남을 도울 수 있게 해 주시고, 내 집에 온 사람을 빈손으로 돌려보내지 않도록 마음에 여유를 주옵소서. 정말 없어서 못 주는 것보다 내 것을 챙기려는 욕심, 인색한 마음 때문에 못 주는 때가 많습니다. 하나님은 고아와 과부를 돌아보는 것을 선히 여기시오니, 하나님이 선히 여기시는 일을 할 수 있도록 저에게 힘을 더하여 주옵소서.

기도를 하다 보니, 마침 어머니께서 주신 복숭아가 있는 것이 생각납니다. 아래층에 사는 할머니와 나눠 먹겠습니다. 기억나게 해 주셔서 감사합니다. 재이가 할머니 댁에 복숭아를 갖다 드리는 심부름을 하면서, 나누는 것을 자연스러운 삶으로 여기도록 도와주옵소서.

예수님의 이름으로 기도합니다. 아멘.

가난한 자를 불쌍히 여기는 것은 여호와께 꾸어 드리는 것이니 그의 선행을 그에게 갚아 주시리라 (잠 19:17)

문제 너머에 계신 하나님을 보게 하소서

모든 일을 주관하시는 하나님, 우리 린이가 어려움을 만날 때 기도하는 아이가 되게 해 주옵소서. 문제를 바라보지 말고 문제 너머에 계신 하나님을 바라보게 해 주옵소서. 어리석은 저희들은 문제 자체에 관심을 두기 쉽습니다. 문제를 보고 한숨을 쉬고 문제가 해결되기만을 기다립니다.

그러나 하나님의 관심은 언제나 문제를 만나 씨름하는 사람에게 있으시지요. 문제를 통해 하나님을 알고 하나님을 배워 나가는 데 있으시지요.

하나님, 린이가 문제 속에 매몰되지 않고 문제를 넘어, 그 뒤에 서 계시는 하나님을 만날 수 있도록 도와주옵소서. 문제를 통해 하나님을 배울 수 있도록 도와주옵소서.

자녀를 위해 사망의 음침한 골짜기를 치워 주지 않으시

는 하나님, 그러나 아무리 깊은 골짜기라 한들, 하나님이 손잡아 주시면 그것이 뭐 그리 대단한 골짜기이겠습니까? 아무리 잘 나가는 대로를 뻗어나간다 한들, 주님이 함께하지 않으시면 그것이 뭐 그리 대단한 대로이겠습니까?

아무 문제를 만나지 말게 해 달라고 구하지 않겠습니다. 문제를 만날 때, 부디 하나님께서 사랑하는 딸의 손을 잡아 주시기를 구하옵니다. 하나님을 의지함으로 문제를 이길 수 있기를 구하옵니다. 린이의 손을 잡아 주옵소서.

늘 저희와 동행하시는 예수님의 이름으로 기도합니다. 아멘.

> 내가 사망의 음침한 골짜기로 다닐지라도 해를 두려워하지 않을 것은 주께서 나와 함께 하심이라 주의 지팡이와 막대기가 나를 안위하시나이다 (시 23:4)

가정을 소중히 여기게 하소서

태초에 가정을 만드신 하나님, 재윤이가 하나님이 세워 주신 가정을 소중히 여길 수 있도록 도와주옵소서.

죄악 가운데 어그러진 이 세상에는 문제 없는 가정이 없습니다. 관계가 어그러져 있지 않으면 나쁜 습관이, 경제적인 어려움이, 건강으로 인한 어려움이, 무엇엔가 중독되어 있거나 성인 아이인 부모로 인한 어려움이 있습니다. 돈이 많으면 많은 대로, 없으면 없는 대로 어렵습니다. 학벌과 배경이 좋으면 좋은 대로, 너무 못 배우면 못 배운 대로 어려움이 있습니다. 부득이한 사정으로 편부모가 된 가정도 있고, 심지어 버림받은 아이들도 있습니다.

어그러진 이 세상에서 살기 위해서는 각자 자기 처지에서 감당해야 할 몫이 있음을 알게 해 주옵소서. 그리하여 하나님이 허락하신 가정을 소중히 여기고 사랑하는 자녀들이 되도록 도와주옵소서. 내 힘으로 바꿀 수 없는 것을 한탄하며 허송하기보다 주어진 환경에 감사하는 아이가 되게 해 주옵소서. 짊어져야 할 과중한 짐에 주목하지 않게 하시고 긍정적인 면을 바라보고 감사하는 아이가 되게 하여 주옵소서.

예수님의 이름으로 기도합니다. 아멘.

마른 떡 한 조각만 있고도 화목하는 것이 제육이 집에 가득하고도 다투는 것보다 나으니라 (잠 17:1)

단점으로 인해 감사하게 하소서

아이의 키가 작은 것을 인하여 감사드립니다. 큰 키가 남 보기에는 더 낫겠으나, 몸의 키가 마음의 키를 좌우하지 않음을 알게 해 주옵소서. 작은 그릇 속에 세계를 품는 마음이 있음을 알고 세상이 놀라게 하여 주옵소서.

아이의 눈이 작은 것을 인하여 감사드립니다. 큰 눈이 예쁘긴 하겠으나, 웃는 눈이 더 아름답다는 것을 알게 해 주옵소서. 하나님이 오라 하시면 훌훌 던져 버리고 가야 할 겉모습보다 주님을 찬양하고 주님을 사랑하는 속사람이 더 귀하다는 것을 알게 해 주옵소서.

얼굴이 큰 것을 인하여 감사드립니다. 세상은 작은 얼굴이 아름답다고 말하지만 그것은 한낱 사회적 가치관에 불과한 것을 알게 해 주옵소서.

남들이 뭐라 하든지, 하나님의 창조 솜씨를 찬양합니다. 포장의 초라함으로 인해 더 귀한 본질을, 더 소중한 속사람을 다치게 하지 않도록 도와주옵소서. 외모의 부족함이 속사람을 살찌우는 데 힘쓰는 원동력이 될 것이므로 감사합니다. 외모의 약함으로 인해 속사람을 볼 줄 아는 친구와 배우자를 만나게 할 것이므로 감사합니다.

하나님의 솜씨에 실수가 없으시다는 것을 인정하는 아이가 되게 해 주옵소서.

예수님의 이름으로 기도합니다. 아멘.

내가 주께 감사하옴은 나를 지으심이 심히 기묘하심이라 주께서 하시는 일이 기이함을 내 영혼이 잘 아나이다 (시 139:14)

듣는 것을 축복하소서

'에바다' 하시며 귀머거리를 고쳐 주신 주님, 영광이의 귀를 축복해 주옵소서. 영광이가 세상의 소리보다 하나님이 말씀하시는 것을 듣게 해 주옵소서.

더 바쁘게, 더 앞만 보고 달려야 한다고 몰아붙이는 소리와 외모가 최고라고, 돈이 최고라고, 즐거움이 최고라고 외치는 세상의 소리를 듣지 않도록 도와주옵소서.

자존감을 떨어뜨리고 못난 놈이라고 생각하게 하는 사탄의 소리도 듣지 않도록 도와주옵소서.

오직 '너는 내 아들이라, 내가 너를 낳았도다.' 말씀하시는 하나님의 말씀을 듣게 해 주옵소서. '말할 수 없는 사랑으로 사랑한다.' 하신 하나님의 음성을 듣게 해 주옵소서. 하나님의 말씀을 빈말로 듣거나 가벼이 듣지 않게 도와주옵소서. 의심하며 듣지 않게 도와주옵소서. 하나님은 참으로 영광이의 아버지가 되십니다.

    영광이의 귀를 축복하시어, 하나님의 말씀을 잘 알아듣는 은혜를 주옵소서. 그리하여 하나님의 영광을 드러내는 영광이가 되게 하여 주옵소서.

    예수님의 이름으로 기도합니다. 아멘.

생명의 경계를 듣는 귀는 지혜로운 자 가운데에 있느니라 (잠 15:31)

외모로 인해 마음이 병들지 않게 하소서

최고의 걸작품으로 우리를 만드신 하나님, 주예가 시대가 강요하는 미의 가치관에서 자유로울 수 있게 해 주옵소서. 주먹만 한 브이 라인 얼굴, 한 줌짜리 허리를 가지고도 다이어트를 하는 시대입니다. 얼굴이 동그랗다고, 인중의 솜털이 짙다고 마음 상해하는 주예를 주님 손에 올려 드립니다.

주님이 주예를 만드실 때 바라보시던 시각, 주님이 주예를 보고 기뻐하시던 그 시각으로 자신을 바라볼 수 있게 도와주옵소서. 실수가 없으신 하나님께서 가장 귀한 모습으로 창조하셨다는 것을, 세상에서 가장 아름답고 특별하게 창조하셨다는 것을 알게 해 주옵소서.

돌아보면 저도 뚱뚱한 외모로 인해 의기소침하고 자신 없어했던 어린 시절이 있었습니다. 그러나 엄마가 되어 제 딸을 바라보니, 외모는 얼마나 작은 문제인지요. 얼굴이 동그랗기 때문에 더 귀엽고, 인중의 솜털은 정말 솜털처럼 작은 문제이지요. 그러나 주예는 솜털을 머리카락처럼 크게 여깁니다. 그럼으로 인해 더 중요한 속사람이 위축되고 있습니다.

하나님, 겉포장으로 인해 더 귀한 본질을, 더 소중한 속사람을 병들게 하는 일 없도록 지켜 주옵소서. 가장 완벽한 모습으로 빚으신 주님을 찬양합니다.

예수님의 이름으로 기도합니다. 아멘.

주께서 내 내장을 지으시며 나의 모태에서 나를 만드셨나이다
(시 139:13)

비전과 재능을 위한 기도

가르치기보다 한 발 앞선 엄마의 기도

내 욕심으로 아이들을 조종할 때가 있습니다.
대리만족을 얻듯, 내가 이루지 못한 꿈을 이루도록 몰아가며
너를 위한 것이라고 스스로 속기 쉽습니다.
공부 외에 다른 것에 마음을 쏟으면
그것이 하나님이 주신 달란트일까를 생각하기 전에 불안해집니다.
하나님, 하나님의 채널에 제 마음을 맞춥니다.
엄마의 욕심으로 아이들의 비전과 재능을 꺾지 않도록,
비전과 재능을 위한 기도가 아이를 조종하는 방편이 되지 않도록
저를 도와주옵소서.

비전을 알게 하소서

 사람을 지으실 때 각각 개성을 갖도록 지으신 하나님, 각각 다른 달란트와 재능을 주신 하나님! 사랑하는 지혜를 위해 갖고 계신 계획을 잘 알 수 있도록 도와주옵소서.

 지혜가 평생 즐거워하며 열심을 다할 수 있는 일이 무엇인지, 기뻐하며 할 수 있는 일이 무엇인지 알게 해 주옵소서. 하나님이 주신 사명이 무엇인지 깨닫고 하나님이 원하시는 일을 하게 도와주옵소서.

 하나님이 주시는 꿈도 깨닫게 해 주옵소서. 하나님이 어느 자리에 배치하실지, 어느 곳에서 하나님을 찬양하는 자가 되게 하실지, 지혜가 알게 해 주옵소서. '하나님의 기뻐하시고 선하시고 온전하신 뜻이 무엇인지' 분별하게 도와주옵소서.

혹 그 일이 제 맘에 맞지 않거나 세상이 볼 때 초라한 일일 때, 주님 제 마음을 만져 주옵소서. 하나님의 시각으로 지혜를 바라보게 하시고, 하나님이 창조하신 뜻을 잘 살리는 길인지에만 주목하게 해 주옵소서. 사람의 영광을 구하지 않게 하시고, 하나님이 주신 관심과 재능을 싫어함으로써 하나님께 대항하지 않도록 제 욕심을 다스려 주옵소서. 예수님의 이름으로 기도합니다. 아멘.

너희는 이 세대를 본받지 말고 오직 마음을 새롭게 함으로 변화를 받아 하나님의 선하시고 기뻐하시고 온전하신 뜻이 무엇인지 분별하도록 하라 (롬 12:2)

좋은 성품 가진 남편을 만나게 하소서

―딸을 위한 배우자 기도

가정을 만드시고 축복하신 주님, 룻을 위해 보아스를 예비하신 것처럼, 사랑하는 딸들이 아름다운 배우자를 만나게 해 주옵소서.

하나님을 향한 사랑 때문에 뜨거운 눈물을 흘릴 수 있는 사람을 주옵소서. 주님의 말씀에 자기의 삶을 비춰 볼 줄 아는 사람, 인생의 어려운 고비마다 주님께 의뢰할 줄 아는 사람을 주옵소서. 또 하나님을 향한 사명에 가슴이 뜨거운 사람을 주옵소서. 그것을 위해 열심히 땀 흘려 준비할 줄 아는 청년을 만나게 해 주옵소서. 주어진 사명을 성실하게 감당하며 살되, 혹 잘못된 길로 들어서거든 돌이킬 수 있는 용기 있는 사람을 만나게 해 주옵소서.

좋은 성품을 가진 사람이었으면 좋겠습니다. 화를 낸 다음에라도 자신을 돌아볼 줄 알고, 다른 사람의 마음을 배려할 줄 아는 사람이었으면 좋겠습니다. 작은 일에 고마워할 줄 알고, 가정을 가장 소중히 여길 수 있는 사람이었으면 좋겠습니다.

고맙다는 말, 미안하다는 말을 할 줄 아는 사람을 주옵소서. 다른 사람 말에 공감할 수 있는 따뜻한 마음을 가진 사람을 만나게 해 주옵소서. 혹시 환경이 어려울 수 있겠으나, 주어진 환경 가운데 감사하는 마음을 잃지 않는 사람을 만나게 해 주옵소서. 한 번도 실패해 보지 않은 사람이 아니라, 실패 가운데 다시 일어서는 사람을 주옵소서.

가정의 거룩한 제사장으로서, 아내에게 존경받을 수 있는 사람이었으면 좋겠습니다. 하나님이 그를 이끌어 가시는 모습을 보며 진심으로 따를 수 있는 사람을 주옵소서.

우리 딸이 이런 사람에게 부끄럽지 않은 자로 준비되게 도와주옵소서. 끊임없이 기도하고 하나님 앞에서 자기를 돌아보며 비전을 세우고 나아가도록 도와주옵소서.

아름다운 배우자를 예비해 놓으신 줄 믿고 예수님의 이름으로 기도합니다. 아멘.

> 남편들아 아내 사랑하기를 그리스도께서 교회를 사랑하시고 그 교회를 위하여 자신을 주심 같이 하라 (엡 5:25)

발전하게 하는 아내를 만나게 하소서
―아들을 위한 배우자 기도

사랑의 주님, 이삭을 위해 리브가를 준비해 놓으셨던 것처럼 아들을 위해 아름다운 배우자를 준비해 주옵소서.

남자를 지으시고 돕는 배필로 여자를 지으셨으니, 하나님이 뜻하신 대로 조력자가 될 수 있는 아내를 주옵소서. 남편의 능력을 끌어내며, 장점을 극대화시키고, 안정감 있는 생활 속으로 인도할 배우자를 주옵소서.

서로 한 몸 되어 사랑하라고 하신 말씀을 이룰 수 있는 사랑 넘치는 사람을 만나게 해 주옵소서. 부족한 부분을 감싸고, 발전하게 도울 줄 아는 사람을 주옵소서.

무엇보다 하나님께 순종하는 자매였으면 좋겠습니다. 하나님께 순종함으로 남편에게 순종했으면 좋겠습니다. 어려운 길을 가기로 결정해야 할 때, 걸림돌이 되지 않고 오히려 손을 맞잡고 함께 갈 수 있는 순종의 사람을 주옵소서. 어두운 길에서도 동반자가 되어 줄 수 있도록, 속사람이 강한 배우자를 만나게 해 주옵소서.

하나님을 향해 순전한 믿음을 가진 자매를 만나게 해 주옵소서. 아내를 통해 더욱 하나님의 은혜를 체험할 수 있게 도와주옵소서.

하나님이 주신 가정의 질서를 깨뜨리지 않으며 가정의 주인으로서의 역할을 즐거워하는 자매였으면 좋겠습니다. 긍정적인 말이 입술에 있고, 사람을 세우는 힘이 있으며, 지혜로움으로 가정을 꾸리는 자매였으면 좋겠습니다.

이 일을 위해 사랑하는 아들을 먼저 하나님의 사람으로 빚어 주옵소서. 가정의 머리로 존경받을 수 있는 인격의 사람으로 다듬어 주옵소서. 여자의 겉모습보다 내면의 아름다움을 볼 수 있는 눈을 주옵소서.

또 주님이 주신 배우자를 만나기까지 사랑하는 아들의 몸과 마음을 정결하게 보호해 주옵소서.

가정의 주인 되신 예수님의 이름으로 기도합니다. 아멘.

아내들아 이와 같이 자기 남편에게 순종하라 이는 혹 말씀을 순종하지 않는 자라도 말로 말미암지 않고 그 아내의 행실로 말미암아 구원을 받게 하려 함이니 (벧전 3:1)

하나님 말씀에 근거한 비전을 갖게 하소서

빛이신 하나님, 영찬이에게 하나님 말씀에 근거한 비전을 주옵소서. 하나님 말씀 없이 세우는 목표와 비전은 아무리 좋은 것이라 해도 악하게 사용될 수 있습니다. 시대에 따라 선악의 구분이 달라지는 것만 봐도, 세상의 기준이 얼마나 줏대 없는 것인지 알 수 있습니다.

주님은 자기 소견에 옳은 대로 사는 사람을 '악하다' 고 평가하십니다. 그렇습니다. 내 맘대로 사는 것, 내 맘대로 살고자 하는 것이 악한 것입니다.

진리이신 하나님, 영찬이에게 하나님의 비전을 주옵소서. 하나님의 뜻을 알 수 있는 마음을 주옵소서. 향방 없이 세상이 몰아대는 방향으로 정신없이 달려가지 않도록 도와주옵소서. 그리하여 내 맘대로 사는 것이 아니라 하나님의 지시하심을 따라 살 수 있도록 도와주옵소서.

내가 왜 사는지, 내가 생명을 걸고 해야 할 일이 무엇인지 명확하게 알고 그 푯대를 향해 나갈 수 있는 영찬이가 되게 해 주옵소서.

꿈도 없이 게으름 속에서 하루하루 살아가는 인생 되지 않게 도와주옵소서. 하나님이 이 땅에 보내신 사명과 재능을 발견하여 힘 있게 전진할 수 있도록 인도해 주옵소서.

비전을 주시고 이루게 하시는 예수님의 이름으로 기도합니다. 아멘.

> 너희 안에서 행하시는 이는 하나님이시니 자기의 기쁘신 뜻을 위하여 너희에게 소원을 두고 행하게 하시나니 (빌 2:13)

이웃을 도울 만큼의 재물을 주소서

만물의 주인이신 하나님, 모든 부귀와 풍요가 주님께 있습니다. 모든 것이 주님께로부터 왔고, 모든 것이 주님의 소유입니다.

해현이가 이 땅에서 주님의 것을 누리며 살 때, 주님의 청지기라는 마음을 잃지 않도록 도와주옵소서. 주님이 부어 주시는 물질을 주님이 원하시는 곳에 쓰는 사람이 되어 주님의 신뢰를 받기 원합니다. 작은 일에 충성하여, 큰일도 맡기기에 미더운 사람이 되게 도와주옵소서.

주님이 주시는 물질을 개인의 안일과 오락에만 사용하지 않게 도와주시고, 이웃과 세계를 위해 사용할 수 있는 사람이 되게 해 주옵소서. 주님의 나라를 위해 사용할 수 있는 사람이 되게 해 주옵소서. 주님이 맡기실 때, '해현이라면 내 것을 잘 사용할 것'이라고 믿고 맡길 수 있는 그런 아이가 되게 해 주옵소서. 성실함으로 청지기의 사명을 잘 감당하도록 도와주옵소서.

주인이신 하나님, 우리 해현이에게 다른 사람을 도울 수 있을 만큼의 재물을 허락해 주시어, 어려운 사람들을 그늘에 품을 수 있도록 경제력의 지경을 넓혀 주옵소서. 망설이지 않고 남을 도울 수 있는 사람이 되게 해 주옵소서. 후히 주면 후히 넘치리라고 말씀해 주셨사오니, 후히 주는 사람이 되게 해 주옵소서. 축복을 섬김의 기회로 삼을 수 있도록 도와주옵소서.

만물의 주인이신 예수님의 이름으로 기도합니다. 아멘.

> 그 주인이 이르되 잘하였도다 착하고 충성된 종아 네가 적은 일에 충성하였으매 내가 많은 것을 네게 맡기리니 네 주인의 즐거움에 참여할지어다 하고 (마 25:21)

비전을 향해 가는 길을 즐기게 하소서

우리 인생길을 주장하시는 하나님, 우리로 주님과 동행하며 걸어갈 수 있도록 해 주셔서 감사합니다.

사랑하는 하나님, 우리 다윤이가 높은 비전을 가지고 그것을 향해 전진하는 아이가 되기를 바랍니다. 그러나 그 목표를 향해 달려가느라 고달프고 지친 삶이 되지는 않게 하옵소서. 목표가 중요하지만, 그곳에 이르는 길도 못지않게 중요하다는 것을 알게 하시고, 즐거이 목표를 향해 갈 수 있게 도와주옵소서. 목표만을 향해 가느라 가족을 외롭게 하지 않으며, 목표만을 향해 가느라 친구를 잃지 않게 하옵소서. 일을 하느라 사람을 잃지 않게 도와주옵소서.

하나님은 성과나 업적보다 과정을 중하게 여기시는 줄 압니다. 목표에 매여, 상처투성이의 과정을 걷지 않도록 도와주옵소서. 목적을 향해 앞만 보고 달려가다가 탈진하지 않도록 도우시옵소서.

　인생의 과정을 즐기며 걸어가는 동안 주님과 동행하기를 바랍니다. 무엇을 하며 살 것인가에만 매달려 어떻게 살 것인가 하는 명제를 놓치지 않도록 도와주옵소서.

　예수님의 이름으로 기도합니다. 아멘.

주는 나의 도움이 되셨음이라 내가 주의 날개 그늘에서 즐겁게 부르리이다 (시 63:7)

구체적인 목표를 주소서

어린 나이에도 뜻을 세웠던 다니엘을 기억합니다. 하나님, 사랑하는 일신이에게 구체적인 목표를 주옵소서. 하나님이 허락하신 귀한 삶, 어떤 모습으로 어떻게 살아야겠다는 분명한 뜻을 세워 살게 하옵소서. 목적도 없이 하루하루, 그냥 살아가는 인생이 되지 않게 하옵소서. 막연한 목표를 가지고 막연하게 살다가 인생을 마감하지 않도록 도와주옵소서.

때로 과정에서 실패하더라도 다시 일어서서 달려갈 수 있는 구체적인 목표를 주옵소서. 하나님이 원하시는 비전을 꿈꾸도록 도와주시고, 주님이 기뻐하시는 일에 열정을 갖게 해 주옵소서.

또한 목표를 향해 나아가는 걸음을 지켜 주셔서 차곡차곡 준비하게 하옵소서. 허황된 생각으로 시간을 낭비하지 않도록 도와주옵소서.

삶의 주인이신 예수님의 이름으로 기도합니다. 아멘.

다니엘은 뜻을 정하여 왕의 음식과 그가 마시는 포도주로 자기를 더럽히지 아니하리라 하고 자기를 더럽히지 아니하도록 환관장에게 구하니 (단 1:8)

실패를 두려워하지 않게 하소서

사랑하는 자녀를 훈련하시는 하나님, 참 감사합니다. 주님은 사랑하는 자녀들을 고아처럼 버려두지 않으시고, 다듬으시며 훈련시키십니다.

하나님, 그러나 현이는 실패할 것을 두려워합니다. 다른 사람과 다른 것을 두려워합니다. 심지어 일기장에 줄을 바꿔 쓰는 일조차 선생님의 허락을 받아야 한다고 우깁니다. 중요한 일이 아닌데도, 오히려 다른 사람보다 한 발 앞서 나가는 것인데도 친구들과 다른 것을 두려워합니다.

하나님, 우리 현이에게 담대한 마음을 주옵소서. 실패를 두려워하지 않는 마음을 주옵소서. 친구들과 다른 것을 인정하는 마음을 주옵소서.

이 일을 위해 제 마음을 너그럽게 만들어 주옵소서. 현이가 실패할 때 괜찮다고 말하겠습니다. 받아쓰기에서 낮은 점수를 받을 때, 괜찮다고 고개를 끄덕이겠습니다. 시험에서 많이 틀렸을 때, 모르는 것을 깨닫게 되는 즐거움에 대해 말하겠습니다. 제 마음이 또래 친구들과의 비교로 조급하지 않도록 도와주옵소서.

현이가 실패 속에서 새로운 것들을 배우고, 즐겁게 도전할 수 있는 용기를 배울 수 있도록 도와주옵소서.

예수님의 이름으로 기도합니다. 아멘.

그는 넘어지나 아주 엎드러지지 아니함은 여호와께서 그의 손으로 붙드심이로다 (시 37:24)

봉사하는 삶이 되게 하소서

사람을 사랑하시고 섬기셨던 주님, 우리 승화의 삶이 봉사하는 삶이게 하옵소서. 학교에 다니는 동안 공부, 공부만 하다가 드디어 대학에 가고 어른이 된 다음에 남을 위해 봉사하는 사람이 아니라, 어려서부터 봉사하는 마음을 가지고 자라는 사람이 되게 도와주옵소서. 섬김이 삶의 습관이 되게 해 주옵소서.

우리 승화에게 교실에 남아 선생님 돕는 것을 즐거워하는 마음 주셔서 감사합니다. 친구들 돕는 것을 즐거워하는 마음 주셔서 감사합니다.

때로는 봉사하는 사람이 손해 보는 것처럼 여겨지기도 합니다. 하지만 하나님, 이 일이 하나님이 기뻐하시는 일이라는 것을 마음에 새기게 하옵소서. 주님이 하셨던 일이라는 것을 되새기게 하옵소서.

교회에서 봉사를 할 때에도 기쁨을 주옵소서. 그리스도를 위해 일한다 하면서 도살장에 끌려가는 짐승처럼 억지로 하지 않게 도와주옵소서.

이 일을 위해 제가 열심히 섬김의 본을 보이게 도와주옵소서. 몸이 조금 힘들더라도 주님이 하신 일, 주님이 칭찬하실 일을 먼저 할 수 있도록 저를 도와주옵소서.

예수님의 이름으로 기도합니다. 아멘.

> 하나님은 불의하지 아니하사 너희 행위와 그의 이름을 위하여 나타낸 사랑으로 이미 성도를 섬긴 것과 이제도 섬기고 있는 것을 잊어버리지 아니하시느니라 (히 6:10)

창조주 하나님의 창의력을 주소서

창조주 하나님, 우리 주영이에게 하나님의 창의력을 주옵소서. 세상을 한 뼘 더 아름답게 할 창의력을 주시어, 세상에 꼭 필요하고 세상을 이끌어나가는 딸이 되도록 도와주옵소서.

주님이 만드신 세상을 바라볼 때마다, 최고의 창의력은 하나님의 창의력임을 깨닫습니다. 사람이 영화 속에서 만들어 내는 것처럼 사람을 닮았든지, 동물을 닮았든지, 벌레를 닮았든지 무언가를 변형시켜 만들어 낸 것이 아니라, 하나님은 전혀 다른 물질과 생명을 만들어 내십니다.

저더러 꽃을 만들라 하시면 열 종류 이상의 디자인을 할 수 있겠습니까? 꽃 하나만 해도 그런데, 전혀 다른 갖가지 사물을 어떻게 만들어 내겠습니까? 그러나 하나님은 제비꽃을 만드신 손으로 함박꽃을 만드시고, 별을 만드신 손으로 아메바를 만드셨습니다.

어떻게 이런 지혜, 이런 창의력이 있을 수 있습니까? 물을 만드신 하나님이 꽃을 만드시다니요. 흙을 만드신 하나님이 하늘을 만드시다니요. 물과 비슷한 어떤 물질이 아니라, 흙과 비슷한 어떤 물질이 아니라 전혀 다른 동물과 식물과 우주를 만드신 하나님의 창의력 앞에 감히 어떤 창의력 프로그램이 견줄 수 있을까요? 창조주 하나님, 하나님의 자녀에게 하나님의 창의력을 부어 주옵소서.

창의력의 원천이신 하나님, 이미 우리 주영이에게 하나님의 창의력을 심어 두신 줄 압니다. 잘 발휘되도록 도와주옵소서. 하나님을 경외함으로 지혜를 얻는 자녀가 되기를 소원합니다.

예수님의 이름으로 기도합니다. 아멘.

여호와께서는 지혜로 땅에 터를 놓으셨으며 명철로 하늘을 견고히 세우셨고 그의 지식으로 깊은 바다를 갈라지게 하셨으며 공중에서 이슬이 내리게 하셨느니라 (잠 3:19, 20)

있는 자리에서 하나님의 영광을 드러내게 하소서

사랑의 하나님, 우리가 어느 자리에 있든지 우리를 사랑하시는 사랑에 감사드립니다. 있는 그 자리에서 하나님의 영광을 드러내는 왕섭이가 되게 해 주옵소서.

감옥에서 하나님의 영광을 드러낸 요셉을 생각합니다. 양치기 신분으로 하나님의 영광을 드러낸 다윗을 생각합니다. 십자가에서 하나님의 영광을 드러낸 예수님을 생각합니다. 재판 자리에서 하나님의 영광을 드러낸 스데반을 생각합니다. 주님, 이렇게 낮은 자리에 있을 때도 하나님의 영광을 드러내게 해 주옵소서.

총리가 되어서 하나님의 영광을 드러낸 다니엘을 생각합니다. 왕후의 자리에서 하나님의 영광을 드러낸 에스더를 생각합니다. 사망을 이기고 부활하심으로 하나님의 영광을 드러낸 예수님을 생각합니다. 주님, 이렇게 높은 곳에 있을 때도 하나님의 영광을 드러내게 해 주옵소서.

하나님의 관심은 우리가 얼마나 대단한 자리에 있느냐에 있지 않다는 것을 압니다. 현재 있는 그 자리가 하나님의 영광을 드러낼 자리입니다. 하나님의 영광을 드러내겠다며 개인적인 야망을 성취하려고 몸부림치지 않도록 도와주옵소서.

지금 처해 있는 1학년 교실이 하나님의 영광을 드러낼 자리입니다. 왕섭이가 학교에서, 있는 그 자리에서 하나님의 영광을 드러내게 해 주옵소서.

이 일을 위해 저도 지금 현재 자리에서 하나님께 충성하겠습니다. 말이 아니라 행동으로 삶의 가치를 가르칠 수 있는 엄마가 되도록 저를 붙잡아 주옵소서.

어느 자리에서나 끝까지 충성하셨던 예수님의 이름으로 기도합니다. 아멘.

> 그런즉 너희가 먹든지 마시든지 무엇을 하든지 다 하나님의 영광을 위하여 하라 (고전 10:31)

실력을 쌓게 하소서

세상을 이기신 주님, 세상은 하나님을 거부하고 대적합니다. 너무나 거센 물결이 하나님은 없다고 외칩니다. 그런 가운데 동현이가 세상에 나갑니다. 하나님, 종일 세상의 가치관을 배우며, 세상의 논리를 배웁니다. 하나님을 대적하는 무리 가운데 섞여 지냅니다.

동현이에게 세상을 이길 힘을 주옵소서. 주님이 사망 권세를 이기시고 세상을 이기신 것처럼 동현이가 세상을 이기는 자 되게 해 주옵소서. 말씀으로 이 시대의 영혼들과 문화를 정복할 수 있는 자녀가 되게 해 주옵소서.

많은 사람이 하나님께서 다스리라고 하신 것들에 끌려 다닙니다. 돈을 다스리지 못하고 돈의 노예가 됩니다. 시간을 다스리지 못하고 시간의 노예가 됩니다. 텔레비전을 다스리지 못하고 텔레비전의 노예가 됩니다. 잠을 다스리지 못하고 잠의 노예가 됩니다. 악한 습관을 다스리지 못하고 악한 습관의 노예가 됩니다. 죄를 다스리지 못하고 죄의 노예가 됩니다.

주님! 저희를 불쌍히 여겨 주옵소서. 주님이 마땅히 다스릴 권세를 주셨는데, 다스리지 못하고 끌려다니는 저희를 불쌍히 여겨 주옵소서. 분연히 일어서서 결단하고 다스릴 수 있도록 도와주옵소서.

주님, 동현이를 강하고 담대하게 무장시켜 주옵소서. 하나님께서 뱀과 전갈을 밟으며 모든 원수의 능력을 제어할 권세를 부어 주셨다는 것을 알고, 능력 있는 삶을 살 수 있도록 도와주옵소서. 영향력 있는 삶을 살 수 있도록 도와주옵소서.

이 일을 위해 동현이가 실력을 쌓을 수 있도록 함께해 주옵소서. 힘을 더해 주옵소서.

세상을 이기신 예수님의 이름으로 기도합니다. 아멘.

> 무릇 하나님께로부터 난 자마다 세상을 이기느니라 세상을 이기는 승리는 이것이니 우리의 믿음이니라 (요일 5:4)

건강한 자부심을 주소서

🌱 채영이를 자녀 삼아 주신 하나님께 감사와 영광을 올립니다.

아버지 되신 하나님, 우리 채영이가 하나님 자녀라는 건강한 자부심으로 살아가게 도와주옵소서. 교회에 갈 때만 하나님의 자녀로 사는 것이 아니라, 삶 전체에서 하나님을 인정하며 살도록 도와주옵소서.

사회 속에서 캠퍼스 속에서 직장 속에서 거룩하게 살게 해 주옵소서. 소금이 되게 해 주옵소서.

"예수님을 본받고, 또 나를 본받으라." 당당하게 말한 바울을 생각합니다. 이런 자긍심, 이런 자아 존중감을 주옵소서.

바울의 삶이 결코 화려하거나 편안하지 않았음을 압니다. 그러나 매질과 투옥으로 점철된 길을 걸으면서도 하나님이 내주하시기에 어깨를 당당히 편 바울처럼, 하나님으로 인해 세상을 향해 고개를 당당히 들 수 있는 아이가 되게 해 주옵소서.

적당히 섞여 살고 타협하고 살면서 그래도 크리스천이라고 안위하지 않도록 도와주옵소서. 어그러진 세상 문화에 맞설 수 있는 용기를 주옵소서. 삶으로 하나님의 자녀임을 입증하며 살 수 있도록 도와주옵소서.

신앙인의 기준이 하향 평준화되어 있습니다. 옆 사람을 쳐다보면서 저 사람보다 나으니 됐다는 마음 갖지 않도록 도와주옵소서. 변하지 않는 하나님의 기준을 알게 해 주옵소서. 주님을 만나 변화됨으로 옆 사람들에게 신령한 영향력을 미칠 수 있도록 도와주옵소서. 채영이 자신이 주님의 복이라는 것을 잊지 않고 복의 근원으로 살아갈 수 있도록 도와주옵소서.

주 예수 그리스도의 이름으로 기도합니다. 아멘.

> 내가 네게 명령한 것이 아니냐 강하고 담대하라 두려워하지 말며 놀라지 말라 네가 어디로 가든지 네 하나님 여호와가 너와 함께 하느니라 하시니라 (수 1:9)

불가능을 뛰어넘게 하소서

전능하신 하나님, 하윤이가 하나님의 전능하심을 믿고 도전하는 아이가 되게 하여 주옵소서.

가나안 땅의 견고한 성벽을 보면서 이스라엘 백성은 좌절했습니다. 그러나 하나님을 의지하는 여호수아와 갈렙은 견고한 성벽보다 높으신 하나님을 바라보았습니다. 사랑하는 하윤이에게 하나님을 바라보는 당당함을 주옵소서. 하나님 안에서는 아무리 강한 성벽도 돌멩이에 불과하다는 것을 알게 해 주옵소서. 눈에 보이는 불가능의 성벽을 넘어, 보이지 않는 하나님을 바라볼 수 있는 사람이 되게 하여 주옵소서.

예수님의 이름으로 기도합니다. 아멘.

여호와와 그의 능력을 구할지어다 항상 그의 얼굴을 찾을지어다
(대상 16:11)

마음이 큰 사람 되게 하소서

우리의 약점을 아시고 감싸 주시는 하나님, 우리 수아가 사람들의 약점을 포용할 수 있는 사람으로 자라게 도와주옵소서. 허물과 약점에도 불구하고 감싸안을 수 있는 포용력을 주옵소서.

나만 옳다고 주장하는 사람이 되지 않게 하옵소서. 변화에 대해 개방적이고, 내가 틀릴 수도 있다고 인정하는 사람이 되게 하옵소서. 진실로 강한 사람은 고집 부리는 사람이 아니라는 것을 알게 해 주옵소서.

모든 사람을 받으신 예수님 이름으로 기도합니다. 아멘.

그러므로 그리스도께서 우리를 받아 하나님께 영광을 돌리심과 같이 너희도 서로 받으라 (롬 15:7)

유머 감각을 주소서

항상 기뻐하라고 말씀하신 하나님, 진권이에게 주님의 기쁨을 부어 주옵소서. 즐거움으로 살아갈 수 있는 힘을 부어 주옵소서.

어려운 일 앞에서 마음을 바꿀 수 있는 유머 감각을 주옵소서. 가물어 메마른 땅에 한 줄기 샘물을 터뜨리는 것처럼, 팽팽한 긴장을 깨뜨릴 유쾌한 유머 감각을 주옵소서. 그래서 진권이가 있는 곳에는 항상 웃음이 머물게 해 주옵소서. 고달픈 인생길에 웃음이 동반자가 되게 해 주옵소서. 자연 만물 속에 숨겨 놓으신 하나님의 유머 감각을 가르쳐 주옵소서.

항상 기뻐하라는 말씀을 명령으로 주셨음을 기억합니다. 기뻐할 수 없는 상황과 환경이 분명 있을 텐데도, 주님은 기뻐하라고 명령하십니다. 결단과 의지로 기뻐하는 것이 가능하다는 말씀인 줄 압니다. 기뻐할 수 없는 환경이 진권이를 짓누를 때, 기뻐하기로 결단할 수 있는 의지를 주옵소서. 그렇게 결단하고 나갈 때 샘솟는 기쁨을 허락해 주옵소서.

기쁨의 원천이신 예수님의 이름으로 기도합니다. 아멘.

주 안에서 항상 기뻐하라 내가 다시 말하노니 기뻐하라 (빌 4:4)

흔들리지 않는 리더십을 주소서

참 목자이신 하나님, 윤서에게 흔들리지 않는 리더십을 주옵소서. 말 만들기 좋아하고 거스르기 좋아하는 사람들의 말에 부화뇌동하지 않게 하시고, 옳다고 생각하는 바를 밀고 나갈 수 있는 힘을 주옵소서.

서로 밀어주고 끌어 주며 살도록 설계하신 이 세상에서, 저 역시 제자가 될 뿐 아니라 다른 사람을 제자 삼으며 살라고 하셨던 말씀을 기억합니다. 제자의 자리에 있을 때는 순종의 마음을 주시고, 제자 삼는 자리에 있을 때는 흔들리지 않는 리더십을 주옵소서. 옳고 그름을 분별하여 옳은 길을 선택하게 하시고, 그 길을 갈 때 부딪치는 작은 문제들 앞에 쉽게 뜻을 구부리지 않도록 도와주옵소서.

모세, 다윗, 바울, 루터, 링컨……. 지금은 별처럼 빛나는 리더들이지만, 이 위대한 리더들도 그들이 살았던 시대

속에서는 수많은 반대와 모략과 난관에 부딪쳤던 것을 기억합니다. 옳은 일을 위해 깃발을 들었음에도 불구하고 죄악된 습관과 잘못된 고정관념과 싸우는 길은 어렵고 험한 과정이었던 것을 기억합니다.

반대에 부딪칠 때, 고개 숙이고 뒤로 물러서거나 타협하고 방향을 바꾸는 손쉬운 방법을 택하지 않도록 도와주옵소서. 바른 푯대를 세우고 진리의 길을 따라갈 수 있는 리더가 되게 해 주옵소서. 캄캄한 세상 속에서 한 줄기 빛을 따라가듯이, 주님이 비춰 주시는 옳은 길을 따라가는 리더가 되게 도와주옵소서.

예수님의 이름으로 기도합니다. 아멘.

무릇 하나님께로부터 난 자마다 세상을 이기느니라 세상을 이기는 승리는 이것이니 우리의 믿음이니라 (요일 5:4)

손과 발을 축복하소서

창조주 하나님, 윤하에게 재주 많은 손을 주셔서 감사합니다. 수고를 아끼지 않는 손을 주셔서 감사합니다.

하나님, 윤하의 손을 축복하셔서, 그 손이 더러운 것을 만지는 탐욕스러운 손이 되지 않게 지켜 주옵소서.

윤하의 손에 창조력을 주셔서, 아름답고 쓸모 있는 것들을 만들게 해 주옵소서. 세상에 도움이 되는 것들을 지어 내게 도와주옵소서.

윤하의 손에 치유력을 주셔서 다른 사람의 눈물을 닦아 주는 손이 되게 하시고, 다른 사람의 아픔을 어루만지는 손이 되게 도와주옵소서. 사랑을 전하고 위로를 전하는 손이 되게 해 주옵소서. 윤하의 손이 닿는 곳마다 하나님의 사랑이 전달되게 도와주옵소서.

손을 들어 친구를 축복하게 하시고, 손을 들어 하나님을 찬양하게 해 주옵소서.

윤하의 발을 축복하셔서, 욕심을 따라 움직이지 않게 도우시고 죄의 자리에 가지 않도록 도와주옵소서. 하나님이 가라 하시는 곳에 갈 수 있고 하나님이 있으라 하시는 곳에 서서 봉사할 수 있는 발이 되게 도와주옵소서.

예수님의 이름으로 기도합니다. 아멘.

너희의 믿음의 역사와 사랑의 수고와 우리 주 예수 그리스도에 대한 소망의 인내를 우리 하나님 아버지 앞에서 끊임없이 기억함이니

(살전 1:3)

보는 것을 축복하소서

아름다운 눈을 창조하신 하나님, 현채에게 잘 볼 수 있는 눈을 허락하시고 눈을 아름답게 만들어 주심을 감사드립니다.

현채의 눈을 축복합니다. 현채가 하나님을 바라볼 수 있게 도와주옵소서. 옳은 길, 바른 것을 바라볼 수 있게 도와주옵소서.

행여 더러운 것이나 음란한 것을 두리번거리지 않도록 도와주시고, 어두운 곳을 찾지 않도록 도와주옵소서. 보는 것으로 인해 욕심이나 죄악이 들어오지 않도록 지켜 주옵소서. 눈으로 범죄하지 않도록 돌봐 주옵소서.

자연을 볼 때는 하나님이 계시하신 창조의 비밀을 보게 하시고, 책을 볼 때는 글씨 이면에 있는 사상을 보게 하시며, 사람을 볼 때는 얼굴보다 중요한 속사람을 알아보게 하옵소서.

사람의 눈을 마주쳐 볼 수 있는 떳떳함과 맑음을 주옵소서. 현채를 바라보는 사람들이 그 눈에서 깨끗한 영혼을 발견할 수 있도록 눈을 맑혀 주옵소서.

또 영안을 뜨게 하사, 하나님이 행하시는 일과 역사를 보게 하여 주옵소서.

예수님의 이름으로 기도합니다. 아멘.

선한 눈을 가진 자는 복을 받으리니 이는 양식을 가난한 자에게 줌이니라 (잠 22:9)

좋은 취미를 갖게 하소서

주인이신 하나님, 저희를 세상의 주인으로 만드시고 온갖 좋은 일들을 준비해 주셔서 감사합니다. 조금 몸이 괴로운 것 같지만, 약간의 훈련을 하고 나면 유익하게 즐기고 배울 것들이 많으니 정말 감사합니다.

우리 보라가 하나님이 주신 세상의 것들을 잘 사용하고 누리기 원합니다. 특별히 좋은 취미를 주셔서, 삶에 활력을 얻고 즐거이 생활하게 도와주옵소서.

컴퓨터와 텔레비전만을 취미 생활로 삼지 않게 도와주옵소서. 얕은 즐거움만을 따라가지 않도록 도와주옵소서.

인생길에서 어려움을 만났을 때, 마음을 정화하고 새로운 활력을 얻을 수 있는 건강한 취미 생활을 갖게 해 주옵소서. 땀을 흘려 육체를 건강하게 할 취미 생활을 갖게 하옵소서. 사람들과 부딪치며 관계를 배우게 하옵소서. 또는 마음을 새롭게 할 취미를 갖게 하옵소서. 책을 읽거나 음악을 감상하거나 그림을 그리거나 악기를 연주하며 마음을 정화할 수 있도록 생산적인 취미 생활을 하게 도와주옵소서.

예수님의 이름으로 기도합니다. 아멘.

우리가 감사함으로 그 앞에 나아가며 시를 지어 즐거이 그를 노래하자 (시 95:2)

모든 삶의 베이스 – 묵상과 기도

가르치기보다 한 발 앞선 엄마의 기도

너무 바빠서 기도한다는 신앙 선배들의 말을 기억합니다.
하나님, 제가 먼저 하나님 앞에서 무릎 꿇는 사람이기를 원합니다.
새벽에 주님과 교제하는 사람이기를 원합니다.
그리하여 자녀에게 새벽에 일어나 하나님과 교제하자고 말할 때,
제 말에 힘이 있기를 원합니다.
새벽에 깨어 일어나 하나님의 기적,
하나님의 풍성한 축복을
맛볼 수 있게 도와주옵소서.

영적 훈련을 할 수 있게 하소서

경건에 이르기를 연습하라고 말씀하신 하나님, 우리 여원이가 날마다 경건한 삶을 연습할 수 있게 도와주옵소서.

타락한 인간의 천성은 얼마나 악하고 게으른지요. 내 몸이 하고 싶은 대로 가만히 두면 더 자고, 더 게으르고, 변명하며 이기적으로 살 수밖에 없습니다. 내 육체가 하자고 하는 대로, 내 배가 하자고 하는 대로 끌려 다닙니다.

아침을 주님과 함께 시작하도록 도와주옵소서. 밥 먹고 똥 누는 일이 자연스러운 것처럼, 아침에 주님과 교제하는 일이 삶의 일부가 되게 해 주옵소서.

기도의 습관을 들일 수 있게 도와주옵소서. 무슨 일을 만나든지 기도하며 기도 속에서 주님과의 친밀한 사랑을 느낄 수 있도록 도와주옵소서.

하나님의 말씀 듣는 것을 기뻐하게 도와주옵소서. 하나님의 말씀이 송이 꿀보다 더 달게 느껴지도록 말씀 깨닫는 은혜를 주옵소서. 아침 묵상 시간에 복을 주셔서 풍성하고 아름다운 교제의 시간이 되도록 도와주옵소서.

또 이 모든 일에 본을 보여야 하는 저를 도우소서. 제가 먼저 텔레비전과 세상 즐거움에 젖지 않고 영적 훈련을 부지런히 함으로, 자녀들에게 마땅한 신앙생활의 도리를 가르칠 수 있도록 도와주옵소서.

예수님의 이름으로 기도합니다. 아멘.

망령되고 허탄한 신화를 버리고 경건에 이르도록 네 자신을 연단하라 (딤전 4:7)

말씀을 사모하게 하소서

갓난아이가 젖을 사모하는 것처럼 말씀을 사모하라고 말씀하신 주님, 준홍이에게 말씀 사랑하는 마음을 부어 주옵소서. 준홍이가 하나님의 말씀을 즐거워하는 사람이 되게 도와주옵소서. 하나님 말씀을 읽고 외우고 그 말씀에 순종하여, 하나님이 주시는 복이 얼마나 큰지를 경험하며 살 수 있도록 도와주옵소서.

세상은 하나님 말씀이 짐이라고 말합니다. 부담이라고 말합니다. 심지어는 하나님을 믿는 사람들조차 하나님 말씀을 마지못해 지켜야 하는 굴레처럼 생각하기도 합니다. 그러나 물고기가 물을 벗어나는 것이 해방이 아니듯이, 사람이 말씀이신 하나님을 벗어나는 것이 해방이 아님을, 오히려 죽음임을 알게 해 주옵소서.

세상은 하나님 말씀이 비합리적이며 비과학적이라고 말

합니다. 무신론과 유물론이 팽배합니다. 그러나 하나님, 하나님의 말씀은 과학을 넘어선 초과학이며 합리를 넘어선 지혜입니다. 준홍이가 말씀 속에서 하나님의 지혜를 발견하게 도와주옵소서.

또한 저도 도우셔서, 주의 말씀을 사랑하는 엄마가 되어 본을 보일 수 있게 하옵소서. 지금은 제 무릎 아래 있으니 함께 아침저녁으로 주의 말씀을 읽고 묵상하겠습니다. 잘 실천하도록 도와주시고, 주님의 말씀과 더불어 생활하는 것이 체질화되게 해 주옵소서. 하나님의 말씀이 준홍이 심령 속에 내재화될 수 있도록 역사해 주옵소서.

후에는 스스로 즐거워서 하나님의 말씀을 묵상하게 하시고, 깨닫게 하는 영을 주셔서 하나님 말씀의 깊이를 알게 해 주옵소서. 말씀 속에 계시된 하나님 마음을, 하나님 성품을 알 수 있게 도와주옵소서.

예수님의 이름으로 기도합니다. 아멘.

주의 말씀은 내 발에 등이요 내 길에 빛이니이다 (시 119:105)

하나님의 말씀을 듣고 기도하게 하소서

기도를 통해 우리와 대화하기를 원하시는 하나님, 다원이의 기도가 하나님과 의사소통하는 수단이 되게 도와주옵소서. 귀를 막고 자기의 주장을 관철시키는 기도가 아니라, 하나님의 음성을 듣고 그 음성에 반응하는 기도가 되기를 원합니다. 하나님이 말씀하시기 전에 먼저 자기 주장을 펴지 않도록 도와주옵소서.

이 일을 위해 하나님, 다원이에게 들을 귀를 주옵소서.

하나님의 말씀을 듣고자 귀를 기울일 때, 교묘히 꾀는 사탄의 소리나 감정에 좌우되는 사람 내면의 소리를 듣지 않도록 막아 주옵소서. 오직 세미한 가운데 말씀하시는 하나님의 음성을 들을 수 있도록 다원이를 훈련시켜 주옵소서.

그리고 하나님의 말씀에 따라 기도할 수 있도록, 기도가

진정으로 하나님과의 대화가 될 수 있도록 인도해 주옵소서. 순간순간 기도의 방향과 내용을 알려주심으로, 하나님과의 대화가 잘 이루어지게 도와주시고 기도에 힘을 더해 주옵소서.

성령님의 도우심 없이는 기도조차도 바르게 할 수 없음을 고백하며, 우리에게 말씀하시는 예수님의 이름으로 기도합니다. 아멘.

사람이 귀를 돌려 율법을 듣지 아니하면 그의 기도도 가증하니라
(잠 28:9)

말씀 암송을 도와주소서
―유아와 저학년의 말씀 훈련을 위한 기도

앉았을 때에든지, 누웠을 때에든지, 길에 다닐 때에든지, 집에 있을 때에든지 주님의 말씀을 부지런히 가르치라고 말씀하신 하나님, 호현이의 말씀 암송 시간에 복을 주옵소서. 주님의 말씀이 잘 외워지고 기억날 수 있도록 도와주옵소서.

성경의 말투가 어렵고 옛날 단어들이 많이 있어, 호현이가 힘들어합니다. 그러나 어렸을 때에 부지런히 말씀을 가르치면 자라서도 그 말씀을 떠나지 않는다고 말씀하셨으니, 그 약속을 붙잡고 암송을 계속 하겠습니다. 지금 외우는 이 말씀들이 호현이의 마음에 각인되고, 호현이의 의식 속에 내재화될 줄 믿습니다. 호현이에게 지혜를 더해 주옵소서.

또 순종하는 마음으로 말씀을 암송할 수 있도록 도와주

옵소서. 아직 어려서 조금만 어려워도 피하고 싶어 하고 꾀를 부리려 합니다. 그러나 경건의 연습은 범사에 유익하다 하신 말씀을 의지하여 암송을 계속하오니, 호현이의 마음을 순종하는 마음으로 바꿔 주옵소서. 그리하여 삶의 어려운 순간에 내재된 주의 말씀이 그 안에서 살아 움직이는 역사를 보게 해 주옵소서.

주님의 말씀이 호현이의 발에 등이 되고 호현이의 길에 빛이 되어 주실 줄 믿사오며, 예수님의 이름으로 기도합니다. 아멘.

> 복 있는 사람은 악인들의 꾀를 따르지 아니하며 죄인들의 길에 서지 아니하며 오만한 자들의 자리에 앉지 아니하고 오직 여호와의 율법을 즐거워하여 그의 율법을 주야로 묵상하는도다 (시 1:1, 2)

성경 공부를 하게 하소서
―고학년과 청소년의 말씀 훈련을 위한 기도

말씀이신 하나님, 우리 승협이에게 주님의 말씀을 사모하는 마음을 주옵소서. 그래서 주님의 말씀이 정말 그런가 하여 깊이 묵상하고 상고하는 마음을 주옵소서.

하나님의 말씀을 알기 위해 목사님의 설교에만 의존하지 않게 해 주옵소서. 육의 양식을 먹을 때는 뷔페에 가서 1년치 먹을 걸 한꺼번에 먹지 않으면서, 영의 양식은 부흥회에 가서 한 번 은혜 받은 말씀으로 1년을 버티는 사람들이 있습니다.

주님, 우리 승협이가 스스로 영의 양식을 차려 먹을 수 있도록, 매일매일 주님의 말씀을 묵상하게 해 주옵소서. 하나님 말씀이 얼마나 맛있는지, 그 깊은 맛을 느낄 수 있게 도와주옵소서.

이 일을 위해 저는 계속 말씀을 공부할 수 있는 자리를 만들겠습니다. 이제 이해력이 자랐으니, 승협이와 함께 일주일에 한 번 성경 한 장을 깊이 공부하겠습니다.

그러나 하나님, 제가 할 수 있는 일은 여기까지입니다. 사실 이 일조차도 제게는 버거운 일입니다.

말을 물가로 데려갈 수는 있어도 억지로 물을 마시게는 할 수 없다는 말을 생각해 봅니다. 그렇습니다. 저는 자리를 만들 뿐입니다. 제가 어떻게 억지로 말씀의 맛을 보게 할 수 있겠습니까? 어떻게 그 마음을 열고 받아들이게 하겠습니까? 사람의 마음을 여시는 분은 오직 하나님뿐이십니다. 하나님이 승협이를 만나 주옵소서.

때로는 이 일이 강압적으로 이루어져서 오히려 하나님 말씀에 마음을 닫을까 걱정입니다. 그러나 주님이 앉았을 때에든지, 일어났을 때에든지, 집에 있을 때에든지, 길을 갈 때에든지 주님의 말씀을 가르치라고 말씀하셨으니, 그 말씀에 순종할 뿐입니다.

지혜롭게 인도할 수 있게 저를 도와주옵소서.

예수님의 이름으로 기도합니다. 아멘.

오늘 내가 네게 명하는 이 말씀을 너는 마음에 새기고 네 자녀에게 부지런히 가르치며 집에 앉았을 때에든지 길을 갈 때에든지 누워 있을 때에든지 일어날 때에든지 말씀을 강론할 것이며 (신 6:6, 7)

바른 기도를 하게 하소서

우리 기도를 들으시는 하나님, 지인이가 기도를 통해 더 하나님께 가까이 가기를 원합니다. 지인이의 기도가 날마다 깊어지게 해 주옵소서.

하나님, 기도를 하려고 할 때 우리는 내가 해야 할 일, 이루고 싶은 일에 더 관심을 갖습니다. 그래서 원하는 일을 이루어 달라고 떼를 쓰며 매달립니다. 하지만 하나님은 우리 일보다 우리에게 관심을 갖고 계십니다. 지인이가 이 진리를 깨달을 수 있도록 도와주옵소서. 그리하여 자기의 소원을 이루어 달라고 떼쓰는 어린아이의 기도를 버리고, 기도를 통해 하나님께 더 가까이 가게 해 주옵소서. 필요한 것을 구하는 기도의 수준을 넘어, 성령님이 도와주시는 기도를 할 수 있게 이끌어 주옵소서. 지인이에게 관심을 갖고 계신 하나님을 만나게 하옵소서.

지인이의 기도가 소원 성취나 입신양명의 도구만으로 이용되지 않게 해 주옵소서. 서낭당에 비는 샤머니즘이 되지 않게 해 주옵소서. 우리 기도를 도우시는 성령님께서 지인이의 기도를 도와주셔서, 마땅히 구해야 할 것을 알려 주옵소서.

또 기도한 다음에는 내 생각대로 응답되지 않는다고 의기소침하지 않게 하소서. 내 뜻과 소원에만 집착하여 뜻대로 되지 않는다고 불평하지 않게 도와주옵소서. 내 의지를 하나님께 관철시키는 데모로서의 기도가 아니라, 하나님의 뜻을 들을 수 있는 기도를 하게 해 주옵소서.

하나님이 지인이의 손을 꼭 잡아 주시고, 지인이는 하나님의 손을 꼭 잡고 서로 바라보고 미소 짓는 기도 시간이 되도록 축복해 주옵소서.

예수님의 이름으로 기도합니다. 아멘.

> 이와 같이 성령도 우리의 연약함을 도우시나니 우리는 마땅히 기도할 바를 알지 못하나 오직 성령이 말할 수 없는 탄식으로 우리를 위하여 친히 간구하시느니라 (롬 8:26)

기도의 골방을 주소서

골방에서 은밀히 보시는 하나님께 구하라고 말씀하신 주님, 우리 재희에게 기도의 골방을 주옵소서. 무소부재하신 하나님은 어디서나 기도를 들으십니다. 그러나 죄 많은 인생이 하나님의 성품을 이용해 한없이 게을러지지 않도록, 기도의 골방을 주옵소서. 경건 훈련을 하지 못하게 방해하는 사탄이 지혜의 생활을 무질서하게 흩트러지지 않도록 기도의 골방을 주옵소서.

다니엘이 하루 세 번 기도했던 것처럼, 주님의 제자들이 시간을 정해 놓고 기도했던 것처럼, 시간을 정하고 장소를 정해 주님을 만나게 도와주옵소서.

이를 위해 하나님, 저는 새벽 6시 반에 주방 식탁을 골방으로 정하겠습니다. 이 시간에 복을 주시고 제가 잘 일어날 수 있도록 도와주옵소서. 주방 식탁을 축복하셔서 하나님의 임재를 경험할 수 있도록 도와주옵소서. 그리고 기도의 골방을 가진 자들만의 은밀한 기쁨과 나눔을 재희와 함께 공유할 수 있도록 도와주옵소서. 기도의 습관이 우리 가정을 이끌어 갈 수 있도록 도와주옵소서.

예수님의 이름으로 기도합니다. 아멘.

너는 기도할 때에 네 골방에 들어가 문을 닫고 은밀한 중에 계신 네 아버지께 기도하라 은밀한 중에 보시는 네 아버지께서 갚으시리라
(마 6:6)

인생을 바꾸는 습관을 위한 기도

가르치기보다 한 발 앞선 엄마의 기도

좋은 습관이 성공적인 인생을 만든다고 합니다.
아이에게 습관을 가르치기에 앞서 저를 돌아봅니다.
나쁜 자세로 굳어버린 큰딸의 등은 저와 닮았습니다.
자신없어하고 부정적으로 생각하는 둘째 딸의 습관도 제 것입니다.
벌려놓기만 하고 치울 줄 모르는 막내딸의 습관도 제 것입니다.
아이들에게 좋은 습관을 들이라고 잔소리하기에,
저는 너무 부끄러운 엄마입니다.
하나님, 저를 만져 주옵소서.
저의 습관을 먼저 고쳐 주옵소서.

바쁜 일이 중요한 일의 자리를 빼앗지 않게 하소서

시간의 주인이신 하나님, 우리 다연이가 주님이 주신 시간을 지혜롭게 사용하기 원합니다. 사랑하는 다연이에게 시간 관리를 잘할 수 있는 힘을 주옵소서.

주님과 교제함으로, 주님의 말씀을 들음으로 하루를 시작하게 하옵소서. 우선순위를 정하여 일을 함으로써, 급한 일이 중요한 일의 영역을 침범하지 않게 도와주옵소서. 급한 일 때문에 소중한 것을 뒤로 미루는 어리석은 자가 되지 않게 도와주옵소서.

수천 명에 둘러싸여 눈코 뜰 새 없이 바쁜 삶을 사셨던 주님께서 하나님과 교제하는 중요한 시간을 빼앗기지 않으셨던 걸 기억합니다. 시간에 휘둘리지 않고 시간을 다스리는 다연이가 되도록 인도해 주옵소서.

또 시간을 허송하지 않도록 도와주옵소서. 게으름과 얕

은 즐거움으로 인해 시간을 낭비하지 않도록 도와주옵소서. 주님이 주신 값진 인생을 가치 없고 무익한 일에 사용하지 않도록 도와주옵소서. 한번 가고 다시는 오지 않는 시간을 주님 뜻대로 잘 사용하는 다연이가 되도록 인도해 주옵소서.

이 일을 위해 먼저 저를 다스려 주옵소서. 저는 내게 오는 모든 요청을 받아들이고, 모든 사람의 눈에 들기 위해 노력하고, 욕심으로 벌여놓은 수많은 일의 뒤치다꺼리를 하기 위해 중요한 일을 미룬 채 분주하게 시간을 사용합니다. 저에게 시간 관리의 지혜를 주시고, 저를 보며 다연이가 바른 시간 관리를 배울 수 있도록 도와주옵소서.

시간의 주인이신 예수님의 이름으로 기도합니다. 아멘.

> 세월을 아끼라 때가 악하니라 (엡 5:16)

밤을 축복하소서

사람의 몸을 신묘막측하게 지으신 하나님, 하나님의 창조 섭리를 생각할 때 너무 놀라워 말문이 막힙니다. 밤과 낮을 만드시고, 낮 동안 활동하며 깨어 있게 하시고 밤에는 무의식 속으로 인도하여 쉬게 하신 하나님. 사람은 그저 잠을 잔다고 생각하였으나, 하나님은 그 쉼을 통해 하루의 피로를 회복시키시고 신체 기관을 어루만지시며 자라게 하십니다. 사람은 깨어 있는 동안에 많은 일을 하며 열심히 뛰어다니지만, 밤에 하나님이 우리 몸에 하시는 놀라운 일에 비하면 아주 작은 일입니다.

하나님, 현우의 밤을 축복해 주옵소서. 깊은 잠을 자게 하시고, 참된 쉼과 회복을 주옵소서. 키가 자라게 하시고 신체 기관이 복을 얻게 도와주옵소서.

일찍 자고 일찍 일어나는 습관을 들이게 해 주옵소서.

하나님의 창조 순리에 따라 몸의 습관을 만들어 갈 수 있도록 도와주옵소서.

현우가 좋은 습관을 들일 수 있도록 저는 밤에 하는 텔레비전 드라마를 포기하겠습니다. 저의 관심이 텔레비전에서 멀어지고, 하나님의 창조 패턴에 가까워지도록 도와주옵소서. 좋은 꿈을 꾸며 잘 잘 수 있도록 도와주옵소서.

예수님의 이름으로 기도합니다. 아멘.

그러므로 여호와께서 그의 사랑하시는 자에게는 잠을 주시는도다
(시 127:2)

학습의 우선순위를 알게 하소서

지혜이신 하나님, 아무것도 모를 것 같던 막내 현이가 자기보다 커다란 가방을 메고 초등학교에 다닙니다. 그림일기와 독서록과 받아쓰기에 스트레스를 받아 가며 학교에 갑니다.

어제는 70점짜리 수학 시험지를 받아 왔습니다. 문제를 이해하지 못해서 똑같은 문제를 틀렸습니다. 부모님 말씀을 쓰는 곳에, '어떤 문제를 틀리는지 알게 되어서 정말 기쁘구나.'라고 썼습니다. 받아쓰기 열 문제를 받아 적는 것을 벅차하는 것도, 똑같은 유형의 문제를 다 틀려 오는 것도 사실은 귀엽기만 합니다.

그러나 하나님, 독서록을 쓰자고 하면 한숨을 쉬는 데는 걱정이 됩니다. 독서록이라는 숙제 때문에 독서라는 친구를 부담스러워하게 될까 봐 걱정입니다. 시험이라는 부담 때문에 배우는 즐거움을 빼앗기게 될까 봐 걱정입니다. 일기 숙제 때문에 자신의 삶을 돌아보는 눈을 놓치게 될까 봐 걱정입니다.

주님, 현이가 배우는 것의 즐거움을 알도록 도와주옵소서. 독서록을 통해 읽기의 감동을 다지도록 도와주옵소서. 시험을 통해 부족한 것을 알아가는 기쁨을 누리게 하시고, 일기를 통해 자신의 삶을 살피는 눈을 키우게 도와주옵소서. 공부가 지겨운 것이라든가, 백점을 맞는 것이 옳다는 사고가 생기지 않도록 도와주옵소서.

생각의 지경이 넓어지고 지혜가 자라며 배우는 것이 즐겁도록 현이의 마음을 만져 주옵소서.

또 저를 붙잡아 주셔서, 눈앞의 성과 때문에 더 중요한 본질을 망치지 않도록 지혜를 주옵소서.

예수님의 이름으로 기도합니다. 아멘.

> 지혜를 얻는 것이 금을 얻는 것보다 얼마나 나은고 명철을 얻는 것이 은을 얻는 것보다 더욱 나으니라 (잠 16:16)

부산한 아침 시간을 바꿔 주소서

시간의 주인이신 하나님! 민주의 아침 시간을 축복해 주옵소서. 늦게 자고 늦게 일어나는 잘못된 생활 습관으로 인해 아침 시간이 망가지지 않게 도와주옵소서. 헐레벌떡 일어나 분주하게 뛰어다니며 하루를 시작하지 않도록 도와주옵소서.

주님이 그리하셨던 것처럼, 새벽에 일어나 고요히 기도할 수 있는 여유를 주옵소서. 하나님의 말씀을 듣고 하루의 삶을 계획하는 아침 시간이 되기 원합니다. 삶의 가장 귀한 것을 드리는 마음으로 아침을 주님께 드리는 민주가 되게 해 주옵소서.

아침이 무질서하면 하루가 무질서하고, 하루가 무질서하면 인생이 무질서할까 두렵습니다. 주님이 새벽 미명에 일어나 기도하신 것처럼, 다윗이 아침마다 하나님을 찬양한 것처럼 민주의 아침 시간을 축복해 주옵소서. 그리하여 민주의 하루가 온전히 하나님 것이 되게 해 주옵소서.

예수님의 이름으로 기도합니다. 아멘.

아침에 주의 인자하심이 우리를 만족하게 하사 우리를 일생 동안 즐겁고 기쁘게 하소서 (시 90:14)

아껴 쓰는 습관을 기르게 하소서

온 세상을 다스리라고 말씀하신 하나님, 성현이에게 세상의 주인된 마음을 주옵소서. 이 땅의 관리자로서, 하나님의 청지기로서, 이 세상을 아끼고 다스려야 한다는 것을 알게 해 주옵소서.

세계적으로 기아 인구가 10억을 넘어섰다는 뉴스를 들었습니다. 우리는 너무 쉽게 함부로 먹을 것을 버리는데, 지구 반대편에서는 먹을 것이 없어 죽어가고 있습니다.

지금 내게 풍족하다고 물건을 함부로 사용하지 않도록 도와주옵소서. 아껴 쓰고 고쳐 쓰기보다 '사면 되지.' 하는 잘못된 가치관을 갖지 않도록 도와주옵소서. 작은 것 하나라도 귀하게 여기고 감사하게 아껴 쓰는 마음을 주옵소서. 물려받는 것을 부끄럽게 여기지 않도록 도와주시고, 고쳐 쓰는 것을 자랑스러워할 수 있게 해주옵소서.

더 나아가 어려운 이웃들과 나눌 수 있는 사람이 되도록 인도해 주옵소서. 주님의 진실한 청지기가 되어 재물과 세상을 지혜롭게 다스리고, 이웃을 섬기게 하옵소서.

예수님의 이름으로 기도합니다. 아멘.

주께서 이르시되 지혜 있고 진실한 청지기가 되어 주인에게 그 집 종들을 맡아 때를 따라 양식을 나누어 줄 자가 누구냐 (눅 12:42)

질서를 배우고 사랑을 나누는 식사 시간이 되게 하소서

일용할 양식을 주시는 하나님, 날마다 좋은 것으로 먹여 주셔서 감사합니다. 주리지 않게 하실 뿐만 아니라 음식마다 좋은 영양분을 두셔서 골고루 섭취하게 하시니 감사합니다.

우리 태준이가 감사하는 마음으로 음식을 대하게 도와주옵소서. 여러 가지 음식을 골고루 먹을 수 있게 도와주옵소서. 고기와 인스턴트 식품만 좋아하는 식습관으로 인해 하나님이 주신 건강을 버리지 않게 도와주옵소서. 햇볕과 물을 받아 자란 좋은 야채를 골고루 먹을 수 있도록 도와주옵소서.

식탁에 앉아 바르게 음식을 먹는 식습관을 길러 주옵소서. 입에 음식을 물고 돌아다니거나 떠먹여 줘야 먹는 나쁜 습관을 고쳐 주옵소서.

이를 위해 저에게 단호함을 주옵소서. 아이와의 기 싸움에서 져서, 아이의 나쁜 습관을 방치하거나 양성하지 않도록 도와주옵소서. 저의 게으름이나 무질서한 생활 패턴으로 인해 아이가 나쁜 식습관을 체질화하지 않도록 도와주옵소서. 정한 시간에 음식을 준비하고 정한 시간에 식탁에 앉게 하겠습니다. 저를 도와주옵소서.

우리의 식사 시간이 음식만 먹는 시간이 아니라, 바른 생활을 익히며 사랑과 행복을 나누는 시간이 되게 도와주옵소서. 서로 힘을 주고 하나가 되는 축복의 자리가 되게 도와주옵소서.

예수님의 이름으로 기도합니다. 아멘.

또 아비들아 너희 자녀를 노엽게 하지 말고 오직 주의 교훈과 훈계로 양육하라 (엡 6:4)

정리 정돈이 쉬운 일이 되게 하소서

질서의 하나님, 우리 재현이가 주변을 정리하는 아이가 되게 해 주옵소서. 자기가 벌여 놓은 것을 자기 손으로 정리할 수 있도록 도우시고, 질서 있게 주변 환경을 다스릴 수 있도록 도와주옵소서.

재현이의 눈을 밝혀 주셔서, 무엇을 정리해야 할지 보이게 해 주옵소서. 재현이의 몸을 가볍게 해 주셔서 순간, 순간에 정리하게 도와주옵소서. 재현이의 마음을 즐겁게 바꿔 주셔서 기쁜 마음으로 자기가 할 일을 할 수 있게 도와주옵소서.

어느 곳에 가든지, 재현이의 주변이 깨끗하게 도와주옵소서. 참 작은 일이지만, 이 작은 행동이 주변을 밝히고 재현이의 가치를 높이는 일이 된다는 것을 깨닫게 해 주옵소서.

이 일을 잘 가르치기 위해 저를 도와주옵소서. 이렇게 나이를 많이 먹고 엄마가 되었어도 본을 보이기에 부족한 모습이 많습니다. 하나님, 제 눈을 밝혀 주셔서 손이 닿아야 할 곳을 보게 하시고, 발딱 일어나 실천할 수 있도록 도와주옵소서. 이 일이 제게 쉬운 일이 되도록 주님이 함께해 주옵소서. 그리고 우리 재현이에게도 쉬운 일이 되게 해 주옵소서.

예수님의 이름으로 기도합니다. 아멘.

그런즉 가장 작은 일도 하지 못하면서 어찌 다른 일들을 염려하느냐 (눅 12:26)

운동으로 필요한 체력을 갖추게 하소서

수민이를 창조하신 창조주 하나님, 수민이에게 유용하고 아름답고 신비한 몸을 주셔서 정말 감사합니다. 주님이 주신 이 아름다운 몸을 잘 사용할 수 있도록 도와주옵소서.

게으르고 탐욕적인 인간 본성이 하자는 대로 두면 우리 몸은 나쁜 음식물과 운동 부족으로 형편없이 망가질 것입니다. 하나님이 주신 몸을 귀하게 여기고 잘 사용하도록 수민이를 도와주옵소서. 아기였을 때, 열심히 낑낑거리며 몸을 뒤집었던 것처럼, 한 발짝 두 발짝 걷게 되었을 때는 쉴 새 없이 걸음을 탐색했던 것처럼, 자라면서 해야 하는 신체 훈련들을 잘 감당하게 도와주옵소서.

세상을 살아가는 데 필요한 체력을 갖추게 하시고, 지구력과 인내력을 배우게 도와주옵소서. 끈기 있게 도전할 수 있는 체력적인 바탕을 갖게 해 주옵소서.

날마다 운동하는 것이 습관이 되어 건강을 잘 관리할 수 있도록 도와주옵소서. 몸이 망가진 다음에야 후회하는 일이 없도록 도와주시고, 하나님이 주신 건강을 귀하게 사용할 수 있게 해 주옵소서.

예수님의 이름으로 기도합니다. 아멘.

육체의 연단은 약간의 유익이 있으나 경건은 범사에 유익하니 금생과 내생에 약속이 있느니라 (딤전 4:8)

좋은 책을 읽게 하소서

지혜의 근원이신 하나님, 우리 서연이가 좋은 습관 갖기를 원합니다. 특별히 책 읽는 습관을 주옵소서.

수많은 위인들이 책 속에서 길을 찾고 책 속에서 위대한 사상과 뚜렷한 인생의 목표를 찾았던 것을 기억합니다. 서연이의 인생을 이끌어 줄 좋은 책을 만나게 해 주옵소서. 수준 높은 책, 바른 가치관을 심어 줄 깊이 있는 책을 읽을 수 있도록 이끌어 주옵소서. 책을 사랑하게 하시고 책 읽는 습관이 들게 해 주옵소서.

책을 읽는 습관과 함께 책을 고를 줄 아는 안목을 주옵소서. 글씨가 있다고 다 좋은 책이 아닌 걸 압니다. 아무리 멋진 표지로 장식되어 있더라도 가벼운 가십거리와 쓸데없는 정보만 난무하는 책, 온갖 더러운 말이 가득한 책, 한 방향으로만 사상을 치우치게 하는 책, 인간성을 멍들게 하는 책이 있습니다. 모든 종류의 유해한 책으로부터 서연이를 보호해 주옵소서.

어릴 때는 제가 많은 것을 가려 줄 수 있겠지만, 친구들 사이에서 영향을 받게 될 때는 하나님의 보호하심밖에는 구할 길이 없습니다. 하나님이 서연이의 독서 생활에 간섭해 주옵소서. 가벼운 독서가 주는 유해로부터 자신을 지킬 수 있도록 깊이 있는 독서를 하게 도와주옵소서. 독서의 지경을 넓혀 주옵소서.

무엇보다 성경을 가까이하며 진리를 놓치지 않는 마음을 주옵소서.

예수님의 이름으로 기도합니다. 아멘.

> 지혜가 제일이니 지혜를 얻으라 네가 얻은 모든 것을 가지고 명철을 얻을지니라 (잠 4:7)

공부를 즐거워하게 하소서

지혜의 근원이신 하나님, 우리 경민이에게 지혜를 주셔서 감사합니다. 학습을 할 수 있는 기초 능력과 이해력을 주셔서 감사합니다. 사람마다 달란트를 주시고, 상대평가가 아닌 절대평가로 사람을 대해 주셔서 감사합니다.

경민이가 다른 누구와 경쟁하기 위해서가 아니라, 하나님이 주신 분량만큼 성실하게 살기 위해 준비하도록 도와주옵소서. 하나님이 주신 이해력을 다해 이해하게 하시고, 하나님이 주신 창의력을 다해 창조하게 하시고, 하나님이 주신 지능을 다해 공부하게 도와주옵소서. 학생으로서의 삶을 성실하게 살도록 도와주옵소서.

스스로 통제하는 훈련, 스스로 공부하는 훈련이 되어야 할 텐데, 어찌 해야 할지 모르겠습니다. 방법을 가르쳐 주옵소서.

주님, 경민이에게 비전을 주시고, 해야 할 일을 알게 하시며, 정직하게 집중할 수 있는 마음을 주옵소서. 책상에 앉아 있을 때, 생각이 다른 곳을 방황하지 않게 하시고, 공부하는 기쁨을 알게 도와주옵소서. 시켜서 하는 공부가 아니라 즐거워서 하는 공부가 되도록 경민이의 마음을 주장해 주옵소서.

경민이가 공부하는 저녁 시간에 복을 주셔서, 잘 이해되게 하시고 끈기 있게 앉아 있을 수 있는 힘을 허락해 주옵소서.

저도 함께 공부하겠습니다. 집안일을 빨리 처리할 수 있는 힘을 주옵소서.

예수님의 이름으로 기도합니다. 아멘.

지혜를 버리지 말라 그가 너를 보호하리라 그를 사랑하라 그가 너를 지키리라 (잠 4:6)

사람을 세우는 사람이 되게 하소서

우리를 격려하시고 칭찬하시는 하나님, 저희의 부족함만을 보고 나무라지 않으시고 사랑해 주셔서 정말 감사합니다.

아이들을 키우면서, 사람을 칭찬한다는 것이 얼마나 어려운 일인지 생각합니다. 언니를 칭찬하는 순간, 동생이 "나는?" 하고 되묻습니다. 동생을 칭찬하는 순간, 언니가 "나는 잘못했어?" 하고 묻습니다. 다른 사람에 대한 칭찬이 나에 대한 꾸중으로 느껴지나 봅니다.

어른이 된 저도 마찬가지입니다. 누군가가 내 옆 사람을 칭찬할 때 '나는 어떻게 여기나?' 하는 것이 은근히 궁금해집니다. 그래서 남을 칭찬하는 데도 인색해지고, 남의 칭찬을 받는 일에도 어색해지는 듯합니다.

하나님, 우리 예서가 다른 사람을 칭찬하는 습관을 가질 수 있게 해 주옵소서. 열린 마음으로 다른 사람을 칭찬하고 진심으로 존중할 수 있는 마음을 주옵소서. 농담으로 깎아내리고 구박하는 말이 입에 배지 않도록 도와주옵소서. 선생님이나 어른들이 다른 친구를 칭찬할 때 함께 박수해 줄 수 있는 마음을 주옵소서. 사람을 세우는 사람이 되도록 주님이 예서의 마음을 다스려 주옵소서.

예수님 이름으로 기도합니다. 아멘.

아무 일에든지 다툼이나 허영으로 하지 말고 오직 겸손한 마음으로 각각 자기보다 남을 낫게 여기고 (빌 2:3)

축복하는 입술이 되게 하소서

말씀이신 하나님, 주님이 말씀으로 천지를 만드시고 사람을 축복하심을 감사드립니다.

하나님이 만드신 입술로 주님을 찬양하고 감사하는 영인이가 되게 도와주옵소서. 하나님이 하신 일을 보고, 하나님의 영광을 드러내는 입술이 되게 해 주옵소서. 주님의 사랑을 전하고 주님께 감사하는 입술이 되게 해 주옵소서.

또 영인이의 입술이 친구를 축복하는 입술이 되게 도와주옵소서. 친구의 장점을 발견하고 진심에서 우러나는 칭찬을 할 수 있도록 도와주옵소서. 영인이의 입술을 통해 사람들이 힘을 얻도록, 세워 주고 칭찬하는 입술이 되게 도와주옵소서.

하나님을 찬양하는 입으로 친구를 비방하지 않게 도와주옵소서. 기도하는 입에 나쁜 말을 담지 않게 지켜 주옵소서. 거짓말이나 험담이나 욕 같은 더러운 말은 입 밖에 내지 않도록 도와주옵소서.

이를 위해 영인이가 칭찬하는 환경에서 자랄 수 있도록 제 입술을 바꿔 주옵소서. 제 입술이 칭찬의 입술이 되게 해 주옵소서. 제가 먼저 사랑하는 딸의 좋은 점을 찾아 칭찬하는 엄마가 되겠습니다. 제가 잘할 수 있도록 힘을 주옵소서.

예수님의 이름으로 기도합니다. 아멘.

구부러진 말을 네 입에서 버리며 비뚤어진 말을 네 입술에서 멀리 하라 (잠 4:24)

바른 자세로 생활하게 하소서

창조주 하나님, 사람을 이렇게 아름답게 만들어 주셔서 감사합니다. 꼭 필요한 기관과 아름다운 몸을 주셨습니다.

하나님, 우리 다현이에게 바른 자세로 생활하는 습관을 주옵소서. 어려서부터 엎드려서 책을 보거나 누워서 책을 보느라고 바른 자세를 잃어버렸습니다. 어느 순간에 등이 굽고 안짱걸음을 걷습니다. 하나님이 주신 몸이 잘못된 자세로 망가졌습니다.

하나님, 다현이에게 하나님이 주신 몸을 잘 관리해야 하는 책임을 알게 하시고, 바른 자세로 생활할 수 있는 습관을 기를 수 있게 해 주옵소서. 어깨를 펴는 자세, 똑바로 걷는 자세가 습관이 될 수 있게 해 주옵소서.

이 일을 위해 저녁마다 함께 운동하겠습니다. 꾸준히 할 수 있는 힘을 주옵소서. 게을러서 시간을 헛되이 보내지 않도록 도우시고, 땀 흘리는 것을 귀찮아하지 않는 마음을 주옵소서.

우리 주인이신 예수님의 이름으로 기도합니다. 아멘.

> 너희 몸은 너희가 하나님께로부터 받은 바 너희 가운데 계신 성령의 전인 줄을 알지 못하느냐 너희 자신의 것이 아니라 값으로 산 것이 되었으니 그런즉 너희 몸으로 하나님께 영광을 돌리라
> (고전 6:19, 20)

하나님 손을 붙잡는 신앙생활을 위한 기도

가르치기 보다 한 발 앞선 엄마의 기도

주인이신 하나님,
주님 앞에 먼저 무릎 꿇습니다.
아이들 앞에서 말로 가르치기에 앞서
제가 먼저 성령 충만하게 하옵소서.
제가 하나님의 영으로 기도하며
예배를 기뻐하며 신령한 은사를 사모하고
하나님과 친밀함을 누리는 자가 되도록
저를 붙잡아 주옵소서.
주님의 손을 붙잡는 엄마를 보며
아이들이 하나님과 관계 맺는 법을 배우도록
하나님 손을 꼭 붙잡겠습니다.

성령 충만하게 하소서

우리에게 새 힘을 주시는 하나님, 예원이에게 성령 충만함을 주옵소서. 성령으로 기도하며, 성령으로 찬송하고, 성령으로 말씀을 깨닫도록 은혜와 은사를 부어 주옵소서.

지혜의 성령님, 늘 진리로 예원이를 가르쳐 주옵소서. 하나님 말씀을 들을 수 있는 지혜와, 상황을 분별할 수 있는 지혜와, 영적 권세자들을 분별할 수 있는 지혜를 주옵소서.

성령님과 늘 동행함으로 날마다 기쁜 새 날이 되게 해 주옵소서. 그리하여 성령의 열매가 예원이의 삶 속에 주렁주렁 맺히게 하옵소서.

더욱 사랑하며 기쁨이 넘치며 주위를 화평하게 하는 열매가 맺히게 하옵소서. 형제에 대해 오래 참으며 자비를 베풀며 선을 행할 수 있는 열매가 맺히게 하옵소서. 맡은 일에 충성하며 온유한 성품으로 절제할 줄 아는 열매가 맺히게 하옵소서. 성령 충만이 예원이의 특징이 되게 하옵소서.

예수님의 이름으로 기도합니다. 아멘.

오직 성령의 열매는 사랑과 희락과 화평과 오래 참음과 자비와 양선과 충성과 온유와 절제니 이같은 것을 금지할 법이 없느니라
(갈 5:22, 23)

개인적인 신앙 체험을 주소서

말하지 않아도 우리에게 있어야 할 것을 다 아시는 하나님! 주빈이에게 믿음의 경험을 주옵소서. 부모 믿음의 경험이 아니라, 책에서 읽은 사건이 아니라, 스스로 하나님께 간구하고 응답받음으로써 하나님이 살아 계심을 체험할 수 있는 간증을 주옵소서. 무엇을 입을까, 무엇을 먹을까 하는 아주 기본적인 일에서부터 하나님을 의지하게 하시고, 하나님의 돕는 손을 체험하게 도와주옵소서.

아이가 아버지에게서 모든 것을 공급받듯, 아버지 손만 잡고 있으면 아무것도 염려하지 않듯, 하나님이 아버지 되심을 알고 하나님의 손을 꼭 붙잡을 수 있도록 도와주옵소서.

누군가 주빈이를 보며 '도대체 너의 하나님은 어떤 분이

시냐? 고 물을 때, 교과서에 있는 하나님에 대해 말하기보다 늘 주빈이 손을 잡고 동행하시는 하나님에 대해 담대히 말할 수 있도록 개인적인 신앙 체험을 주옵소서.

인격적으로 만나 주시는 예수님의 이름으로 기도합니다. 아멘.

> 너희 마음에 그리스도를 주로 삼아 거룩하게 하고 너희 속에 있는 소망에 관한 이유를 묻는 자에게는 대답할 것을 항상 준비하되 온유와 두려움으로 하고 (벧전 3:15)

세상의 소금과 빛이 되게 하소서

'너희는 세상의 소금이다! 너희는 세상의 빛이다!' 라고 선포하신 하나님! 우리 다빈이가 이 어두운 세상을 비추는 빛이 되게 해 주옵소서. 이 썩은 세상을 바로잡는 소금이 되게 도와주옵소서.

세상의 가치관과 세상의 물결은 얼마나 거센지 모르겠습니다. 일등 제일주의와 물질 만능주의에 물들어, 남을 밟고 최고가 되어야 한다고, 과정보다 결과가 더 중요하다고 몰아붙입니다. 더 많이 소유하는 것이 행복이라고 몰아갑니다. 더 좋은 성적, 더 나은 학교, 더 큰 집, 더 좋은 차, 더 멋있는 직업 속에서만 행복을 찾을 수 있다고 말합니다. 더 많이 가질 수만 있다면 부정직함이나 몰인정쯤은 눈 감아 줄 수 있다고 말합니다.

그러나 주님, 우리 다빈이는 세상의 풍조에 끌려가지 않도록 도와주옵소서. 주어진 삶의 영역에서 하나님의 영광을 담대하게 선포하도록 도와주옵소서. 조금 돌아가더라도, 하나님 앞에 정직하며 넘어진 이웃을 살필 줄 아는 사람이 되게 하옵소서. 빛으로, 소금으로, 하나님의 주권을 나타내는 왕의 자녀가 되도록 도와주옵소서.

세상의 빛이신 예수님의 이름으로 기도합니다. 아멘.

> 너희는 세상의 소금이니 소금이 만일 그 맛을 잃으면 무엇으로 짜게 하리요 후에는 아무 쓸 데 없어 다만 밖에 버려져 사람에게 밟힐 뿐이니라 너희는 세상의 빛이라 산 위에 있는 동네가 숨겨지지 못할 것이요 (마 5:13, 14)

인격적으로 주님을 만나게 하소서

사랑하는 주님, 우리 화륜이가 하나님을 만날 수 있는 가장 어린 나이에 하나님을 만나게 해 주옵소서. 세상 가치관이나 세계관이 자리 잡기 전에, 세상의 풍조나 물신주의, 진화론적 사고방식이 그 머리를 점령하기 전에, 하나님이 온 천지만물의 주인이시라는 것을 깨닫고 하나님 앞에 무릎 꿇게 해 주옵소서. 하나님이 아버지이심을, 하나님만이 보호자이심을 깨닫게 해 주옵소서.

다윗이 노래한 것처럼 주님은 화륜이의 방패이시며 환난 날에 피할 바위이시며 화륜이를 돕는 도움이십니다.

보이지 않는 하나님을 어떻게 말로 가르치겠습니까? 하나님께서 화륜이를 만나 주옵소서. 화륜이의 마음을 열어 주시고 그곳 보좌에 좌정하셔서 화륜이를 다스려 주옵소서.

하나님이 마음을 열어 주지 않으시면 손톱만큼도 내 마음을 어찌할 수 없는 저희입니다. 부모의 하나님이 아닌 화륜이의 하나님을 만나게 하셔서 그의 일생이 하나님으로 인하여 보람 있는 것이 되게 하여 주옵소서.

예수님의 이름으로 기도합니다. 아멘.

여호와는 나의 반석이시요 나의 요새시요 나를 건지시는 이시요 나의 하나님이시요 내가 그 안에 피할 나의 바위시요 나의 방패시요 나의 구원의 뿔이시요 나의 산성이시로다 (시 18:2)

십일조하는 신앙을 갖게 하소서

물질의 근원이 되시는 하나님, 내가 가진 모든 것이 하나님께로부터 왔습니다. 숨 쉬고 있는 이 육체도 내 것이 아니며, 내가 잠자고 있는 이 집도 처음부터 내 것이 아니었습니다. 오늘 일할 수 있는 일터도 내 것이 아니며, 오늘 입고 있는 옷도 처음부터 내 것이 아니었습니다. 이 모든 것이 하나님께로부터 왔습니다. 하나님의 것입니다.

하나님, 시원이에게 우리가 가진 모든 것이 하나님의 것이라는 믿음을 주옵소서. 그리하여 가진 것에 감사하는 시원이가 되게 하옵소서. 하나님께 드리는 헌물에 인색하지 않게 하옵시고, 어려서부터 십일조하는 신앙을 가질 수 있게 도우소서.

하나님이 주셨다는 것을 고백하는 행위로 십일조를 하

는 것이라고 가르쳤습니다. 이것이 말로만 아는 지식이 되지 않도록 도와주시고, 하나님께 바칠 때 행여 아까워하는 마음 없도록 지켜주옵소서.

재물이 있는 곳에 마음이 있다고 하신 하나님, 하나님의 돌보심과 인도하심에 비하면 터무니없이 적은 것입니다. 천 원씩 하는 십일조를 아까워하면서 어떻게 더 큰 십일조를 할 수 있겠습니까? 즐거운 마음으로 낼 수 있게 도와주옵소서. 하나님의 주인 되심을 인정하며 드릴 수 있게 도와주옵소서. 기쁨으로 하나님께 드림으로, 하나님의 신실한 청지기로 인정받게 해 주옵소서.

모든 것의 주인 되신 예수님의 이름으로 기도합니다. 아멘.

> 만군의 여호와가 이르노라 너희의 온전한 십일조를 창고에 들여 나의 집에 양식이 있게 하고 그것으로 나를 시험하여 내가 하늘 문을 열고 너희에게 복을 쌓을 곳이 없도록 붓지 아니하나 보라 (말 3:10)

예배를 기뻐하게 하소서

찬양받으시기에 합당하신 하나님, 우리 예배를 즐거이 받으시는 하나님, 윤아가 하나님께 예배하는 예배자가 되게 하여 주옵소서. 형식적인 예배자가 아니라 신령과 진정으로 예배하는 참된 예배자가 되게 하여 주옵소서.

사울 왕은 말마다 하나님께 제사를 드린다 말하며 백성을 인도하여 제사를 드렸지만, 하나님은 속지 않으십니다. 그가 하나님을 섬기는 마음으로 예배드리지 않았다는 것을 아십니다. 백성의 눈이 두려워, 전쟁 앞에서 백성이 흩어지는 게 두려워, 백성을 제압할 수단으로 예배를 드린다는 것을 아셨습니다.

사람은 예배의 자리에 나와 앉아 있는 것을 보고 속을 수 있지만 중심을 보시는 하나님은 예배당 안에 있으면서도 세상을 배회하는 마음을 보십니다.

하나님, 윤아가 하나님을 속이고 예배의 자리에만 앉아 있지 않도록 도와주옵소서. 예배를 드리면서 마음의 반쪽이 세상을 배회하지 않도록 도와주옵소서.

예배를 통해 영이 회복되게 도와주옵소서. 예배를 통해 기쁨이 회복되게 도와주옵소서. 예배를 사모하는 윤아가 되도록 인도해 주옵소서.

이 일을 위해 ○○교회 ○○부 예배를 축복해 주시기를 간구합니다. ○○교회 ○○부 학생들이 하나님을 간절한 마음으로 부르며 예배를 즐거워하고 예배를 통해 하나님께 한 걸음 나아가는 자들이 되게 해 주옵소서.

우리 예배를 받아주시는 예수님의 이름으로 기도합니다. 아멘.

아버지께 참되게 예배하는 자들은 영과 진리로 예배할 때가 오나니 곧 이 때라 아버지께서는 자기에게 이렇게 예배하는 자들을 찾으시느니라 (요 4:23)

다윗처럼 찬송하게 하소서

찬송 가운데 거하시는 하나님, 대희가 주님을 찬양하는 아이가 되게 도와주옵소서. 대희의 입술에 기껏해야 마음을 울리는 세상 노래와 유행가가 가득 차지 않게 도와주옵소서. 마음을 넘어, 영혼을 울리는 찬양이 가득하게 도와주옵소서.

백성들 앞에서 벌거벗고 춤추던 다윗 왕을 기억합니다. 소고 치고 나팔을 불며 찬양하라는 하나님의 말씀을 기억합니다. 성도가 마땅히 해야 할 일이 찬양이라고 하신 말씀을 기억합니다.

찬양받으시기에 합당하신 하나님, 대희에게 하나님을 찬양할 마음을 주시고, 하나님을 찬양할 때 얻을 수 있는 뜨거운 감격을 주옵소서.

하나님은 이스라엘의 찬송 중에 거하시는 하나님이라고

하셨사오니(시 22:3) 대희의 찬송 중에 거하여 주옵소서. 또한 대희가 입술로 찬양할 뿐 아니라, 삶으로 하나님을 높여 드리고 찬양할 수 있도록 대희의 삶을 이끌어 주옵소서.

찬송받으시기에 합당한 예수님의 이름으로 기도합니다. 아멘.

> 할렐루야 우리 하나님을 찬양하는 일이 선함이여 찬송하는 일이 아름답고 마땅하도다 (시 147:1)

이 땅을 살아가는 데 필요한 은사를 주소서

사랑의 하나님, 우리 미라에게 이 땅을 살아가는 데 필요한 은사를 주옵소서.

불쌍한 사람을 보고 긍휼히 여기는 사랑의 은사를 주옵소서. 사랑으로 사람을 섬길 수 있도록 은혜를 주옵소서. 마음이 어려워 꼬이고 뒤틀어진 사람도 넉넉히 품을 수 있는 사랑을 은사로 주옵소서.

어떤 어려움이 와도 흔들리지 않는 믿음의 은사를 주옵소서. 그리하여 작은 바람에 흔들리는 자들에게 믿음의 푯대가 되게 하옵소서.

남을 잘 가르치는 은사를 주옵소서. 친절한 마음으로 하나님의 말씀을 가르칠 수 있는 사람이 되게 하옵소서. 그리하여 믿음이 연약한 사람을 도울 수 있게 하옵소서.

살아가면서 주님의 일을 하는 데 소용되는 여러 은사를

주셔서, 능력 있게 모든 일을 감당하도록 도와주옵소서. 사람을 세우고 섬기는 데 은사가 적절히 활용될 수 있게 하옵소서.

예수님의 이름으로 기도합니다. 아멘.

은사는 여러 가지나 성령은 같고 직분은 여러 가지나 주는 같으며 또 사역은 여러 가지나 모든 것을 모든 사람 가운데서 이루시는 하나님은 같으니 각 사람에게 성령을 나타내심은 유익하게 하려 하심이라 (고전 12:4-7)

친구를 전도하고픈 열정을 주소서

 땅끝까지 이 복음을 전하라 하신 하나님, 우리 재용이에게 친구를 전도하고픈 열정을 주옵소서. 입시 경쟁과 깨어진 가족 관계로 인해 곤고한 삶을 살고 있는 친구들이 많이 있습니다. 이 땅의 삶도 곤고한데, 이 땅 이후의 삶에도 곤고와 환란이 있으면 얼마나 불쌍합니까?

하나님, 재용이에게 친구를 전도하고픈 마음을 주옵소서. 친구의 영혼을 불쌍히 여기는 마음을 주옵소서. 죽어가는 영혼에 대한 안타까움으로 용기를 낼 수 있게 도와주옵소서.

예수님의 이름으로 기도합니다. 아멘.

> 오직 성령이 너희에게 임하시면 너희가 권능을 받고 예루살렘과 온 유대와 사마리아와 땅 끝까지 이르러 내 증인이 되리라 하시니라
> (행 1:8)

봉사의 즐거움을 알게 하소서

찬양을 기뻐 받으시는 하나님, 온유에게 봉사의 즐거움을 주옵소서. '내 하나님 집의 문지기로 있는 것이 좋사오니'라고 고백했던 다윗을 기억합니다. 하나님 집에서 섬기며 사는 것을 속에서부터 즐거워할 수 있는 마음을 주옵소서. 억지로 하거나 남에게 보이기 위해서 하는 봉사가 아니라, 즐거운 마음으로 봉사할 수 있도록 도와주옵소서. 또 온유가 봉사하며 섬길 때 보람으로 응답하셔서, 얕은 오락에서 느낄 수 없는 기쁨을 얻게 하옵소서. 온유의 손과 발에 주님의 사랑이 머무르게 해 주옵소서.

예수님의 이름으로 기도합니다. 아멘.

각각 은사를 받은 대로 하나님의 여러 가지 은혜를 맡은 선한 청지기 같이 서로 봉사하라 (벧전 4:10)

영의 눈을 뜨게 하소서

영이신 하나님, 준우에게 하나님의 신비를, 영이신 하나님을 가르쳐 주옵소서. 물질세계를 넘어서는 영적인 눈을 뜨게 해 주옵소서.

영적인 눈이 없으면, 세상을 지배하는 힘이 우연이라고 생각합니다. 우연히 이런 일이 일어나고, 운이 좋아서, 혹은 운이 나빠서 이런 일이 생겨나는 것이라고 생각합니다. 그러나 참새 한 마리가 땅에 떨어지는 일도 하나님이 허락하셔야 한다고 말씀하신 하나님, 이 세상 모든 일이 주님의 허락하심 가운데 일어나는 일임을 고백합니다.

영의 눈이 없으면 사람을 보게 됩니다. 그래서 사람과 상대하고, 일과 씨름합니다. 그러나 영의 눈이 있으면 사람 뒤에 있는 하나님을 볼 수 있지요. 그 사람을 내 앞에 두신 하나님을 볼 수 있지요. 그 일이 벌어지게 허락하신 하나님을 볼 수 있습니다.

하나님, 사람을 원망하거나 사람과 다투지 않고, 자신을 돌아보게 해 주옵소서. 상황에 화를 내기 전에 이런 일이 왜 일어났는지, 하나님께 여쭙는 준우가 되도록 인도해 주옵소서.

요셉이 형들을 생각하고 원망만 한 것이 아니라, 그 억울한 일들을 허락하신 하나님을 바라보았던 것을 기억합니다. 하나님을 바라보았기에, 자신을 인신매매한 형들을 용서했던 것을 기억합니다.

우리 준우가 사람과 사건만 보지 않고 이 세상을 다스리시는 하나님의 손을 볼 수 있도록 영의 눈을 열어 주옵소서. 그래서 엉뚱하게 사람과 다투고 상황에 화내지 않도록 인도해 주옵소서.

모든 상황을 인도하시는 예수님의 이름으로 기도합니다. 아멘.

> 우리 주 예수 그리스도의 하나님, 영광의 아버지께서 지혜와 계시의 영을 너희에게 주사 하나님을 알게 하시고 (엡 1:17)

주님을 닮는 데까지 자라게 하소서

아이가 젖을 먹고 자랄 때 다시 어려지지 않고 계속 자라게 하시는 하나님, 하나님이 주신 자연법칙은 점점 자라고, 점점 성장하는 것임을 고백합니다. 하나님이 정하신 자연법칙처럼 우리의 신앙과 인격이 계속 자라게 해 주옵소서. 그리하여 그리스도 예수의 분량에 이르기까지 자라날 수 있도록 도와주옵소서.

겨우 구원받은 것에만 감격하고, 구원받은 것으로 신앙생활을 다 한 것처럼 생각하지 않도록 도와주옵소서. 교회생활을 하면서 신앙생활을 하는 줄로 착각하지 않게 하옵소서. 기도하겠다고 결심하는 것으로, 기도한 줄로 착각하지 않게 도와주옵소서.

사랑의 주님, 우리 윤섭이가 주님을 닮을 수 있게 도와주옵소서. 주님 닮은 마음과 주님 닮은 성품을 갖게 도와주옵소서.

   사랑이 주님을 닮게 하옵소서. 자기 목숨을 버리면서까지 사람을 사랑하셨던 주님의 사랑을 닮게 하옵소서.

   사람에 대한 성실과 관심이 주님을 닮게 하옵소서. 능력 이상의 일을 해낼 수 있도록 제자들을 격려하신, 가르침의 거인인 주님을 닮게 하옵소서.

   겸손이 주님을 닮게 하옵소서. 하나님의 아들이신 주님은 하늘 보좌를 버리셨습니다. 손톱만 한 자존심 하나 버리기 힘든 저희를 용서하시고, 주님의 겸손을 가르쳐 주옵소서.

   날마다 주님 닮는 아이가 되게 해 주실 줄 믿사오며 예수님 이름으로 기도합니다. 아멘.

> 오직 사랑 안에서 참된 것을 하여 범사에 그에게까지 자랄지라 그는 머리니 곧 그리스도라 (엡 4:15)

고난 중에 찬송하게 하소서

날마다 우리를 살피시고 도우시는 하나님, 하나님의 보호 아래 있음을 감사합니다.

하나님, 사망의 음침한 골짜기를 다닐지라도 해를 두려워하지 않는다는 말씀을 기억합니다. 그렇습니다, 주님. 주님께 구하는 것은, 사랑하는 예준이가 사망의 음침한 골짜기를 만나지 않게 해 달라는 것이 아니라, 사망의 음침한 골짜기에서 하나님을 바라볼 수 있는 믿음을 주십사 하는 것입니다.

어두운 인생길, 때로는 고난도 만날 것입니다. 그러나 찬송을 부르며 고난을 이길 수 있게 하여 주옵소서. 고난 중에 있을 때 찬송하는 예준이가 되게 해 주옵소서. 사망의 음침한 골짜기를 지날 때에도 찬송을 잊지 않았던 다윗처럼, 찬송으로 옥터를 흔든 바울처럼, 고난을 승리의 발

판으로 삼게 도와주옵소서. 찬송으로 영적 싸움을 승리로 이끌 수 있도록 도와주옵소서.

이런 예준이가 되게 하기 위해, 말씀과 찬양을 가르치겠습니다. 암송된 찬양, 암송된 성구로 마음을 무장할 수 있도록, 고난 속에서 부를 찬양을 가르치겠습니다. 저에게 잘 양육하고 가르칠 힘을 주옵소서.

예수님의 이름으로 기도합니다. 아멘.

> 내 형제들아 너희가 여러 가지 시험을 당하거든 온전히 기쁘게 여기라 이는 너희 믿음의 시련이 인내를 만들어 내는 줄 너희가 앎이라 (약 1:2, 3)

삶을 풍요롭게 하는 좋은 성품을 위한 기도

가르치기 보다 한 발 앞선 엄마의 기도

좋은 나무인지 나쁜 나무인지는 열매를 보고 압니다.
좋은 사람인지, 나쁜 사람인지는 성품의 열매를 보고 압니다.
하나님, 제 자녀가 좋은 성품의 사람으로 자라기를 간구합니다.
그러나 하나님, 그에 앞서 저를 다스려 주옵소서.
자녀 앞에서 폭발하는 제 분노를 다스려 주옵시고
분주한 일에 쫓겨 사는 저의 무질서를 다스려 주옵시고
작은 일에 감사하지 못하는 제 마음을 다스려 주옵소서.
말로써 성품을 가르치기보다
본을 보임으로 성품을 가르칠 수 있도록,
주님의 성품을 닮을 수 있도록 저를 빚어 주옵소서.

정직하게 하소서

거짓이 없으시며, 거짓을 싫어하시는 하나님, 시현이에게 정직한 입술을 주옵소서. 정직한 마음을 주옵소서.

잠깐의 위기를 모면하기 위해, 잠깐의 불편함을 피하기 위해 쉽게 거짓말을 하지 않도록 도와주옵소서.

사람은 얼마나 거짓되기 쉬운 존재인지 모릅니다. 아이들은 배우지 않아도 거짓말을 합니다. 아무도 가르쳐 주지 않았는데도 자신을 위해 변명하며 남을 속입니다. 어른이 되어서도 안 해도 되는 거짓말을 하며 삽니다. 거짓말을 할 수밖에 없는 우리를 합리화하며, 거짓말을 하기 위한 거짓말도 합니다. 또 세상은 그 정도 거짓말은 괜찮다며 우리를 속입니다.

이 모든 일이 거짓의 아비인 사탄이 하는 일인 줄 압니다.

하나님, 우리 시현이의 입술에 진실이 있게 해 주옵소서. 악의가 없는 거짓말이라 할지라도, 거짓말하는 것을 두려워할 수 있게 해 주옵소서. 순간적으로 입에서 튀어나오는 거짓을 막아 주옵소서. 작은 거짓말 하나에 괴로워하는 양심을 주옵소서.

이를 위해 하나님, 먼저 제 입술을 정직하게 해 주옵소서. 거짓과 싸우는 엄마의 모습을 보며, 시현이도 작은 거짓을 하찮게 여기지 않도록 도와주옵소서. 정직함이 시현이의 평생에 재산이 될 수 있게 도와주옵소서.

예수님의 이름으로 기도합니다. 아멘.

> 여호와는 의로우사 의로운 일을 좋아하시나니 정직한 자는 그의 얼굴을 뵈오리로다 (시 11:7)

사랑하는 일이 쉬운 자녀가 되게 하소서

사랑의 하나님, 지현이를 사랑해 주심을 감사드립니다. 주님의 사랑으로 지현이가 이 땅에 왔으며, 주님의 사랑으로 호흡하고 주님의 사랑으로 살고 있음을 고백합니다. 지현이에게 주님의 사랑의 마음을 부어 주옵소서.

산을 옮길 만한 믿음이 있더라도, 천사의 말을 할 줄 안다 해도 사랑이 없으면 울리는 구리와 꽹과리에 불과하다고 말씀하신 주님, 부족한 인간의 마음으로는 감히 사랑을 할 수 없음도 고백합니다.

나의 자존심이 허락하는 한도 내에서, 내 이권이 다치지 않는 한도 내에서만 사랑하는 저희의 한계를 아시는 주님, 지현이에게 사랑하는 마음을 부어 주옵소서. 그리하여 사랑하는 일이 쉬운 자녀로 만들어 주옵소서.

앞길을 가로막는 사람도 있을 것입니다. 때로는 반대하는 사람도 있을 것입니다. 손해를 끼치는 사람도 있겠지요. 그러나 주님이 먼저 나를 사랑하셨음을 생각하고, 사람을 불쌍히 여기는 마음을 갖도록 도와주옵소서. 부족한 인간의 힘으로는 할 수 없는 일이기에 간구합니다. 주님의 사랑을 지현이에게 부어 주옵소서.

사랑이 많으신 예수님의 이름으로 기도합니다. 아멘.

내가 사람의 방언과 천사의 말을 할지라도 사랑이 없으면 소리 나는 구리와 울리는 꽹과리가 되고 내가 예언하는 능력이 있어 모든 비밀과 모든 지식을 알고 또 산을 옮길 만한 모든 믿음이 있을지라도 사랑이 없으면 내가 아무 것도 아니요 내가 내게 있는 모든 것으로 구제하고 또 내 몸을 불사르게 내줄지라도 사랑이 없으면 내게 아무 유익이 없느니라 (고전 13:1-3)

순종하는 자가 되게 하소서

순종이 제사보다 낫다고 말씀하신 하나님, 우리 종성이가 순종하는 자녀가 되게 해 주옵소서.

때로, 하나님의 말씀이 이해가 되지 않는다 하더라도, 먼저 순종할 마음을 부어 주옵소서. 하나님의 판단과 하나님의 권위를 신뢰하기 때문에 순종할 수 있는 마음을 주옵소서. 하나님의 성품을 신뢰함으로 순종하게 해 주옵소서.

하나님이 말씀하실 때 '즉시' 순종할 수 있도록 도와주옵소서. 다음에 하겠다고 미루거나, 별로 중요하지 않은 일을 앞세우지 않도록 마음을 주장해 주옵소서. 즉시 순종하는 것을 하나님이 기뻐하신다는 것을 알게 해 주옵소서.

하나님이 말씀하실 때 '끝까지' 순종할 수 있도록 도와주옵소서. 하다가 그만두거나 용두사미처럼 꼬리를 흐리지 않게 도와주옵소서.

하나님이 말씀하실 때 '기쁘게' 순종하게 도와주옵소서. 하기 싫어하며 억지로 하는 것은 하지 않는 것만 못합니다. 기쁜 마음으로 순종하여 주님의 기쁨이 되기를 원합니다.

즉시, 온전히, 기쁘게. 세 가지를 모두 만족하는 참 순종을 배우게 해 주옵소서.

순종의 본을 보이신 예수님의 이름으로 기도합니다. 아멘.

사무엘이 이르되 여호와께서 번제와 다른 제사를 그의 목소리를 청종하는 것을 좋아하심 같이 좋아하시겠나이까 순종이 제사보다 낫고 듣는 것이 숫양의 기름보다 나으니 (삼상 15:22)

화평케 하는 자가 되게 하소서

사랑의 하나님, 소현이를 화평의 도구로 삼아 주옵소서. 소현이의 걸음, 걸음에 주님의 화평을 주옵소서.

주님은 다투는 자의 예배를 받지 않으십니다. 예배를 드리다가도 형제에게 원망 들을 만한 일이 생각나거든, 그와 화해하고 와서 예배를 드리라고 말씀하셨지요. 소현이가 다투는 자 되지 않게 도우시고, 더 나아가 다툼이 있는 곳에 화평을 심는 자가 되게 도와주옵소서.

주님은 막힌 담을 허시는 분이십니다. 먼저 주님께서 죄로 가로막힌 하나님과 인간 사이의 담을 허셨고, 먼저 주님께서 다툼 가운데 있는 인간들을 화목하게 하셨습니다. 소현이를 주님의 평화를 전하는 도구로 삼아 주옵소서.

분쟁이 있는 곳에 들어가 화평이 되게 하옵소서. 교만과

시기가 있는 곳에 들어가 화평이 되게 하옵소서. 소현이로 인하여 소현이가 속한 그룹에 주님의 평강이 넘치게 하옵소서. 반목하던 이들이 화해하고, 깎아내리던 이들이 서로 세워 주는 역사가 일어나게 하옵소서.

우리의 평강이 되신 예수님의 이름으로 기도합니다. 아멘.

> 화평하게 하는 자는 복이 있나니 그들이 하나님의 아들이라 일컬음을 받을 것임이요 (마 5:9)

넓은 마음을 주소서

사랑이 무한하신 하나님, 주님 앞에 받아들여지지 않을 인생이 없고, 주님 앞에 녹지 못할 범죄가 없습니다.

사랑의 하나님, 우리 유온이에게 하나님 닮은 넓은 마음 주옵소서. 하나님 닮은 도량을 주옵소서. 작은 일에 토라지지 않으며 웬만한 일에도 허허 웃을 수 있는 마음을 주옵소서.

세상을 살다 보면 어렵게 하는 사람을 만날 것입니다. 일마다 반대하고 걸고넘어지는 사람을 만날 수도 있습니다. 공연한 시기로 험담을 하고 깎아내리는 사람을 만날 수도 있습니다. 억울한 일을 당할 수도 있겠지요.

그러나 일일이 대응하지 않도록 유온이의 마음을 만져 주옵소서. 웬만큼 까칠한 사람, 웬만큼 어려운 일은 유온이의 마음 그릇 안에 넉넉히 담기게 도와주옵소서. 잘그랑거리는 시냇물이 아니라 모든 것을 품고도 넉넉히 흐르는 깊은 강이 되게 해 주옵소서.

원수까지도 품으신 예수님의 이름으로 기도합니다. 아멘.

너희 안에 이 마음을 품으라 곧 그리스도 예수의 마음이니 (빌 2:5)

공감 능력을 주소서

지혜의 근원이신 하나님, 솔로몬이 하나님께 구한 '듣는 마음'을 우리 민기에게도 허락해 주옵소서. 일천 번제를 받으신 하나님이 솔로몬에게 소원을 물으셨을 때, 솔로몬은 '듣는 마음'을 구했습니다. 그것이 바로 하나님이 기뻐하신 지혜였음을 기억합니다.

민기에게 하나님의 말씀을 듣는 마음을 주옵소서. 그리하여 참 지혜를 얻을 수 있도록 도와주옵소서. 하나님 말씀에 늘 귀를 기울여 하나님의 뜻을 알고, 그 지혜로 인생을 살 수 있도록 도와주옵소서.

또 민기에게 다른 사람들의 사정을 듣는 마음을 주옵소서. 그리하여 하나님이 함께 돕고 살라고 말씀하신 사람들과 공감할 수 있게 해 주옵소서. 공감 능력을 주옵소서.

이 일을 위해 저에게도 듣는 마음을 주옵소서. 하나님의 말씀을 먼저 잘 듣고, 그 말씀에 순종하게 도와주옵소서. 또 아이의 말에 귀를 기울여, 옮겨지는 단어 속에 담긴 마음을 알 수 있도록 도와주옵소서. 말하기는 더디 하고 듣기는 속히 하려 애쓰겠사오니 주님이 힘이 되어 주옵소서. 예수님의 이름으로 기도합니다. 아멘.

> 누가 주의 이 많은 백성을 재판할 수 있사오리이까 듣는 마음을 종에게 주사 주의 백성을 재판하여 선악을 분별하게 하옵소서
>
> (왕상 3:9)

효도하는 아이가 되게 하소서

부모를 공경하라고 말씀하신 하나님, 병진이에게 착한 마음, 부모를 생각하는 마음을 주셔서 감사합니다. 병진이가 하나님께 순종하여 부모를 공경하는 아이가 되도록 도와주옵소서.

부모를 공경하는 것이 약속 있는 첫 계명이라고 말씀하신 하나님, 병진이 마음에 부모를 하나님의 대리인으로 인정할 수 있는 마음을 부어 주시고, 힘을 다해 부모를 공경하여 하나님의 약속을 받을 수 있도록 도와주옵소서.

인간적인 눈으로 보기 시작하면, 정말 얼마나 보잘것없는 부모입니까? 커 가는 아이의 눈에는 부모의 위상이 점점 더 낮아지기 마련이지요. 그러나 하나님, 하나님께서 부모에게 권위를 두셨기 때문에 하나님 말씀에 순종하는 마음으로 부모에게 효도하게 도와주옵소서.

이 일을 위해 또 저를 도와주옵소서. 병진이가 하나님 말씀에 잘 순종하게 하기 위해 제가 바로 서야겠습니다. 저를 도우셔서, 제가 하나님 앞에 바로 서 있도록 해 주옵소서. 또 제가 시어머니께, 시아버지께, 친정 부모님께 도리를 다할 수 있도록 도와주옵소서.

말로는 가르칠 수 없는 효도입니다. 저를 도우시고, 병진이를 도와주옵소서.

예수님의 이름으로 기도합니다. 아멘.

너는 네 하나님 여호와께서 명령한 대로 네 부모를 공경하라 그리하면 네 하나님 여호와가 네게 준 땅에서 네 생명이 길고 복을 누리리라 (신 5:16)

착한 마음을 주소서

선한 목자이신 주님, 서진이에게 선한 마음을 주신 것을 감사합니다. 하나님 닮은 선한 마음을 더하여 주옵소서.

'너희는 세상의 빛이다.' 라고 말씀하시면서 세상 사람들 앞에서 착한 행실을 드러내 보이라고 말씀하신 하나님, 그러나 착하게 사는 것이 쉬운 일이 아님을 압니다. 세상은 점점 더 영악해지고 약아지며 착한 사람을 무시하는 풍조가 만연되어 가고 있습니다. 착하면 오히려 손해를 보고, 착한 사람이 바보 취급당하는 세상입니다. 약삭빠르게 사는 것이 옳게 여겨지는 시대입니다. 그러나 하나님의 기준은 무엇입니까? 하나님은 어떤 것을 옳다 하시며, 어떤 것을 악하다 하십니까?

세상이 무엇이라고 말하든, 주님의 말씀이 착하게 살라

하시니 착하게 사는 아이가 되게 해 주옵소서. 차라리 손해 보고 희생할 수 있게 도와주옵소서. 착한 삶으로 인한 손해들에 마음을 두지 않게 도와주시고, 주님의 말씀을 따르는 것으로 기쁨을 삼게 하옵소서. 주님의 빛을 비추는 것으로 보람을 얻게 하옵소서.

예수님의 이름으로 기도합니다. 아멘.

이같이 너희 빛이 사람 앞에 비치게 하여 그들로 너희 착한 행실을 보고 하늘에 계신 너희 아버지께 영광을 돌리게 하라 (마 5:16)

마음을 새롭게 하소서

사람에게 생기를 불어넣어 생령이 되게 하신 하나님. 채인이의 마음을 새롭게 해 주옵소서. 채인이의 마음을 주님의 보혈로 덮어 주옵소서.

채인이의 마음을 깨끗하게 해 주옵소서. 작은 죄들이 내려앉아 더께가 지지 않게 지켜 주옵소서. 양심이 굳어져서 하나님 말씀을 튕겨내지 않도록 도와주옵소서.

채인이의 마음을 안전하게 지켜 주옵소서. 깊은 상처를 입고 쓴뿌리가 생기지 않도록 보호해 주옵소서. 쓴뿌리로 인하여 독한 열매를 뿜어내거나 세상을 비뚤어진 시각으로 보지 않도록 도와주옵소서.

채인이의 마음을 세상의 염려로부터 보호해 주옵소서. 세상의 가치관이나 세상의 정보가 가득하여 하나님을 모른다 하지 않도록 보호해 주옵소서. 세상의 염려가 하나님을 향한 신뢰의 마음을 좀먹지 못하게 도와주옵소서.

  만화 속 장면이나 우스갯소리만 묵상하지 않도록 도와주옵소서. 시험 점수를 묵상하고, 염려거리를 묵상하고, 심지어는 싫어하는 사람을 묵상하며 살 때가 얼마나 많은지요. 염려를 모두 주님께 맡겨 버리고 하나님을 묵상할 수 있도록 도와주옵소서. 오직 채인이의 마음에 하나님의 말씀을 채워 주시고, 하나님의 가치관을 채워 주옵소서. 채인이의 마음이 하나님을 향하게 도우시고, 주님이 주시는 말씀으로 늘 새로워지게 해 주옵소서.

  예수님의 이름으로 기도합니다. 아멘.

> 모든 지킬 만한 것 중에 더욱 네 마음을 지키라 생명의 근원이 이에서 남이니라 (잠 4:23)

자신감을 갖고 도전하게 하소서

무엇 때문일까요? 현이가 자꾸 자기는 못한다는 말을 합니다. 언니들이 다 해줘서 그런 걸까요? 아니면 자신감을 잃을 만한 어떤 사건이 있었던 걸까요? 하나님, 저는 잘 모르겠습니다. 혼자서 잘 해내다가도 아주 쉬운 일에서 자신감을 잃고 맙니다.

하나님, 우리 현이에게 자신감을 부어 주옵소서. 나도 할 수 있다는 마음을 주옵소서. 새로운 일을 만날 때 피하는 것이 아니라 흥미를 가지고 도전할 수 있게 도와주옵소서. 실패하는 것을 두려워하지 말고, 발전하지 않는 것을 두려워하게 하옵소서. 새로운 일을 만날 때, 한번 해 보겠다 하는 마음을 가질 수 있게 현이에게 용기를 주옵소서.

이 일을 위해 먼저 저를 붙잡아 주옵소서. 현이가 실수하거나 실패할 때 비난하는 행동이 튀어나오지 않게 해 주시고, 실패를 잘 받아들여 다시 도전할 힘을 얻을 수 있게 하는 양육 태도를 갖게 하옵소서. 무의식 중에라도 실수한 것에 화를 내지 않게 도와주옵소서.

오직 화를 내고 다스려야 할 때는 일부러 거역할 때라는 것을 기억하도록 저를 도와주옵소서. 저의 부족한 양육 태도가 아이의 자신감을 꺾지 않도록 하나님이 저희 가정에 개입해 주옵소서.

예수님의 이름으로 기도합니다. 아멘.

오직 여호와를 앙망하는 자는 새 힘을 얻으리니 독수리가 날개 치며 올라감 같을 것이요 달음박질하여도 곤비하지 아니하겠고 걸어가도 피곤하지 아니하리로다 (사 40:31)

겸손하게 하소서

무엇보다도 교만한 자를 가장 싫어하시는 하나님, 우리 호찬이가 주님을 닮아 겸손한 자가 되게 하여 주옵소서. 제자들의 발을 씻기시고 너희도 이같이 하라고 하신 말씀을 기억합니다. 주님께 순종하는 마음으로 다른 사람의 발을 씻길 수 있는 마음을 주옵소서.

남을 나보다 낫게 여기게 하소서. 자기를 낮추는 자는 주님께서 높여 주시나, 스스로 높이는 자는 자기가 자랑하는 그것에 걸려 넘어질 줄 알게 하여 주옵소서. 교만은 패망의 선봉이라고 하셨으니, 스스로 자고하여 패망의 길을 걷지 않도록 지켜주옵소서.

하나님 앞에서 사람이 자랑할 수 있는 것이 무엇이겠습니까? 무엇 하나, 이것이 내 것이라고 말할 수 있는 것이 있겠습니까? 하나님을 바로 알고 자신을 바로 알면 저절로 겸손해질 수밖에 없는 인생입니다. 하물며 하나님이신 주님께서 낮아짐의 본을 보이셨으니, 그 길을 따라갈 수 있도록 사랑하는 호찬이를 인도해 주옵소서.

이 일을 위해 저의 말과 태도를 지켜 주옵소서. 행여 다른 사람을 무시하거나 얕보는 행동이나 말을 하지 않도록 지켜 주시고, 어떤 사람이든지 좋은 점을 찾아내 칭찬하는 입술이 되게 도와주옵소서. 나보다 남을 낫게 여기는 마음이 말과 태도 속에서 드러날 수 있도록 저에게 먼저 겸손을 가르쳐 주옵소서.

낮은 자리에서 섬김의 본을 보이신 예수님의 이름으로 기도합니다. 아멘.

아무 일에든지 다툼이나 허영으로 하지 말고 오직 겸손한 마음으로 각각 자기보다 남을 낫게 여기고 (빌 2:3)

다른 사람을 배려하게 하소서

사랑의 하나님, 세상은 점점 더 자기를 사랑하며 이기적으로 나아갑니다. 말세가 이르면 사람들이 자기를 사랑하며 교만해질 것이라고 하셨는데, 그 말씀 그대로 개인주의적으로, 이기적으로 나아갑니다. 그러나 주님은 더불어 관계를 맺고 살게 하셨고, 함께 도우며 살아가라고 하셨지요. 하나님의 말씀에 순종함으로 이기심을 버리게 해 주옵소서. 다른 사람을 배려하며 살 수 있도록 도와주옵소서.

사랑하는 소영이가 이기심을 버리고, 배려하는 마음을 갖도록 인도해 주옵소서. 나보다는 동생들을 먼저 챙기고, 다른 사람에게 봉사하는 마음으로 살 수 있게 도와주옵소서.

버스 안에 앉아 있을 때 노인이 앞에 서면 벌떡 일어날 수 있게 해 주옵소서. 무거운 짐을 들고 가는 사람을 만나면 기꺼이 들어 줄 수 있게 해 주옵소서. 어려운 친구가 있으면 도와줄 마음이 속에서부터 우러나게 해 주옵소서.

물건 하나를 건네 줄 때도 받는 사람이 받기에 편하게 건네 줄 수 있는 배려심을 주옵소서. 공공기물을 쓸 때도 다음 사람을 생각하며 쓸 수 있는 마음을 주옵소서. 작은 배려가 습관이 되게 해 주옵소서.

자신을 위해 살지 않고 죄인들을 위해 사셨던 예수님의 마음을 본받을 수 있게 도와주옵소서.

섬김의 대가이신 예수님의 이름으로 기도합니다. 아멘.

인자가 온 것은 섬김을 받으려 함이 아니라 도리어 섬기려 하고 자기 목숨을 많은 사람의 대속물로 주려 함이니라 (마 20:28)

참을 줄 아는 힘을 주소서

🌿 오래 참는 것이 사랑이라고 말씀하신 하나님, 또 우리를 향해 오래 참으시는 하나님, 우리 태양이가 하나님의 성품을 닮아 오래 참기를 원합니다. 나중의 영광을 기다리며 지금의 잠시 고난을 참는 것에 대해 말씀하셨던 수많은 말씀들을 기억합니다.

그러나 우리는 얼마나 빨리 결정하고, 빨리 토라지며 빨리 화를 내는지요. 사람의 조급함이 하나님의 의를 이루지 못한다는 것을 알게 하여 주옵소서. 급하게 결정하고 급하게 낙담하지 않게 도와주옵소서. 작은 어려움에 실망하지 않게 도와주옵소서. 인내를 가지고 하나님의 때를 기다릴 줄 아는 아이로 자라게 도와주옵소서. 인내로 하나님의 소망을 이루는 태양이가 되게 도와주옵소서.

또 연약한 저를 도우셔서, 태양이에게 인내로 행할 수

있게 해 주옵소서. 다른 사람의 시선이 두려워 태양이에게 오래 참지 못할 때가 있습니다. 부족한 인격 때문에 화를 폭발할 때가 있습니다. 저에게 인내를 가르쳐 주옵소서.

제자들의 배신까지 인내로 참으신 예수님의 이름으로 기도합니다. 아멘.

> 인내를 온전히 이루라 이는 너희로 온전하고 구비하여 조금도 부족함이 없게 하려 함이라 (약 1:4)

책임감을 갖게 하소서

졸지도, 주무시지도 않고 이 땅을 돌보시는 하나님, 하나님만이 이 땅의 주인이십니다.

이 세상의 책임자이신 하나님, 우리 혜연이가 왕의 자녀로서의 책임감을 갖기를 원합니다. 자기가 한 일도 책임을 못 지는 사람이 있고, 자기가 하지 않은 자기 그룹의 일도 책임지려는 사람이 있습니다. 자기가 책임지려고 하는 그만큼이 사람의 크기입니다.

하나님, 우리 혜연이에게 책임감을 주셔서 감사합니다. 선생님이 신뢰하고 혜연이에게 일을 맡길 수 있게 해 주셔서 감사합니다. 혜연이에게 주신 책임감을 잘 지키게 해 주옵소서. 주어진 일에 대해 끝까지 책임을 완수하고, 시키지 않은 일도 더 할 수 있는 리더의 자질을 갖게 해 주옵소서.

집안에서 해야 할 일에도 책임감을 가지고 있습니다. 동생을 잘 돌보고 동생의 일을 책임지려 하는 마음이 있음을 감사합니다. 그러나 때로는 그 책임으로 인해 너무 눌려 있기도 합니다. 작은 책임들을 완수하며 마음의 크기가 넓어진다는 것을 이해하게 하시고, 기꺼이 책임을 다하는 아이가 되도록 인도해 주옵소서. 맡은 일에 충성하게 하옵소서.

이 일을 잘 가르치기 위해 제가 먼저 책임 있게 일할 수 있도록 도와주옵소서. 혜연이와 약속한 것을 책임 있게 지킴으로써 혜연이를 가르칠 수 있게 하옵소서.

저희를 끝까지 돌보시는 예수님의 이름으로 기도합니다. 아멘.

> 그 주인이 이르되 잘하였도다 착하고 충성된 종아 네가 적은 일에 충성하였으매 내가 많은 것을 네게 맡기리니 네 주인의 즐거움에 참여할지어다 하고 (마 25:23)

입술에 하나님의 지혜를 부어 주소서

사람의 입을 창조하신 하나님, 인우의 입술에 하나님의 지혜를 부어 주옵소서. 경우에 맞는 말, 사람의 힘을 돋우는 말을 할 수 있도록, 언어생활에 지혜를 주옵소서.

많은 일을 하고도 입으로 허무는 사람이 있으며, 말 한 마디로 천 냥 빚을 갚는 사람이 있습니다. 마음에 가득한 분을 입으로 다 쏟아내 상처를 주는 사람이 있고, 그리스도의 향기를 내는 사람이 있습니다.

아로새긴 은쟁반에 금사과 같은 말을 할 수 있도록 인우의 언어생활을 도와주옵소서. 듣기는 속히 하고 말하기는 더디 하라고 하신 하나님의 말씀에 따라 한 마디 말에 지혜를 더할 수 있는 사람이 되게 해 주옵소서.

또, 쉽게 말을 내뱉고 후회하지 않도록 도와주옵소서.

그 입술에 파수꾼을 세워 주셔서, 지혜로운 말만 나갈 수 있도록 지켜 주옵소서.

혹 독이 될 만한 말이 쏟아졌거든, 용서를 구하는 용기도 주옵소서. 인우의 언어생활에 주님이 함께해 주옵소서.

예수님의 이름으로 기도합니다. 아멘.

경우에 합당한 말은 아로새긴 은 쟁반에 금 사과니라 (잠 25:11)

용서하게 하소서

제단에 예물을 드리려다가 형제에게 잘못한 일이 생각나거든 먼저 가서 화해하고 제물을 드리라고 말씀하신 하나님, 우리 민규에게 형제를 용서하고 품을 수 있는 마음을 주옵소서.

십자가를 생각하면, 세상에 용서하지 못할 죄가 어디 있겠습니까? 하늘의 왕이신 예수님께서 생각하는 것이 죄뿐인 저를 위해 십자가를 지셨는데, 감히 누구를 용서하지 않을 자격이 있습니까? 주님은 가장 처절한 순간에도 원수를 용서하시고 그들을 위해 기도하셨는데, 옹졸한 마음이, 죄악된 성품이 형제를 향해 분을 품고 용서하지 못하게 할 뿐입니다.

용서는 용서의 대상을 풀어주는 게 아니라 나 자신을 풀어주는 것임을 고백합니다. 감히 형제를 용서할 자격도 없는 사람이라는 것을 깨닫고, 주님의 용서를 배우게 하옵소서. 스데반의 용서를 배우게 하옵소서.

십자가에서 원수들을 용서하신 예수님의 이름으로 기도합니다. 아멘.

> 너희가 사람의 잘못을 용서하면 너희 하늘 아버지께서도 너희 잘못을 용서하시려니와 너희가 사람의 잘못을 용서하지 아니하면 너희 아버지께서도 너희 잘못을 용서하지 아니하시리라 (마 6:14, 15)

아이의 환경을 위한 기도

가르치기보다 한 발 앞선 엄마의 기도

마치 내가 아이의 보호자인 것처럼 행동하지만
제가 할 수 있는 일은 아무것도 없습니다.
불의의 재난을 막을 길도 없으며
아이가 만나는 사람들을 통제할 수도 없으며
아이의 생각을 지배할 수도 없습니다.
주님이 아이의 보호자가 되어 주옵소서.

가정이 화목하게 하소서

막힌 담을 허시고 우리 화평이 되어 주신 주님, 저희 가정이 날마다 주님의 화평을 이루며 살게 도와주옵소서. 서로 다른 환경에서 서로 다른 습관을 갖고 살아오다가 부부가 되었습니다. 저에게는 지극히 당연한 것이 그에게는 이해할 수 없는 일이며, 그에게는 지극히 당연한 행동이 제 눈에는 거슬립니다. 그러나 주님, 주님이 하나로 묶어 주시고 서로 사랑하며 살라고 말씀하셨으니 이 가정을 지켜 주옵소서. 이 가정은 주님의 것입니다. 주님의 가정을 화평의 공간으로 삼아 주옵소서.

화목한 가정이 자녀의 영적 배경을 형성한다고 배웠습니다. 하나님이 주신 귀한 자녀들을 잘 양육하기 위해, 이 가정을 화목하게 해 주옵소서. 아버지를 통해 하나님을 배우는 아이들을 위해, 아버지와 친밀한 관계를 맺을 수 있도록 도와주옵소서. 어머니를 통해 하나님의 사랑을 알게 될 아이들을 위해, 제가 하나님의 사랑을 잘 투영할 수 있게 도와주옵소서. 아이들에게 참 보호자이신 하나님을 볼 수 있게 하기 위해 저희 부부를 아이들의 보호자로 삼아 주옵소서. 아이들에게 화목한 울타리를 만들어 줄 수 있게 도와주옵소서.

예수님의 이름으로 기도합니다. 아멘.

그 둘이 한 몸이 될지니라 이러한즉 이제 둘이 아니요 한 몸이니 그러므로 하나님이 짝지어 주신 것을 사람이 나누지 못할지니라 하시더라 (막 10:8, 9)

키와 신체가 잘 자라게 하소서

사람의 몸을 지으신 하나님, 주님의 도우심으로 욱현이가 잘 자라고 있으니 감사합니다. 제 나이에 맞게, 제 나이 아이들이 자라는 만큼 키가 크고 몸무게가 자라는 것이 주님의 은혜입니다. 키가 자랄수록 지혜가 자라 말을 알아듣기도 하고 자기 생각을 말할 수 있는 것도 주님의 은혜입니다.

마치 모든 일이 당연히 그래야 하는 것처럼 생각되지만, 다시 한 번 생각해 보면 지극히 당연해 보이는 일이 바로 기적입니다. 아무리 밥을 먹어도 몸의 세포가 분열하지 않으면 몸은 자랄 수 없습니다. 어느 한 기관의 활동이 조금만 달라져도 문제가 생깁니다. 숨 쉬고 살아 있는 모든 것이 주님의 은혜입니다.

욱현이의 성장을 방해하는 그 모든 요인들로부터 욱현

이를 지켜 주셔서 감사합니다. 이 모든 것이 주님으로부터 왔습니다. 욱현이의 성장을 통해 날마다 기적을 경험하게 하시니 감사합니다. 욱현이의 성장을 통해 하나님의 사랑을 경험하게 하시니 감사합니다.

욱현이의 키가 잘 자라게 하시고, 그의 몸이 잘 자라게 하시고, 오장육부가 제 기능을 하게 하시고, 생각과 지혜가 자라게 도와주옵소서.

예수님의 이름으로 기도합니다. 아멘.

> 예수는 지혜와 키가 자라가며 하나님과 사람에게 더욱 사랑스러워 가시더라 (눅 2:52)

갑자기 당하는 위험으로부터 보호하소서

슈퍼마켓까지 가는 짧은 길, 진섭이에게 처음으로 심부름을 보냅니다. 손에 쪽지를 쥐어 주고, 몇 번이나 당부를 하며 아이를 내보냅니다. 이제 보니, 위험한 세상에 혼자 길을 내보내는 데도 큰 용기가 필요합니다.

아이의 키에서 세상을 보면 어찌나 위험한 일이 많은지, 진섭이가 딛는 한 걸음, 한 걸음마다 마음을 죕니다.

골목에서 차가 튀어나올 때 혼자 피할 수 있을는지, 갑자기 닥치는 위험에 대처할 힘이 있을는지, 나쁜 어른이 꼬드기거나 달려들지 않을는지 아이의 걸음마다 걱정이 고입니다.

그러나 언제까지나 손잡아 줄 수 없기에 세상 속으로 진섭이를 내보냅니다.

하나님, 이제 제가 놓는 손을 하나님이 잡아 주옵소서.

차가 올 때 길가로 피하는 지혜를, 갑자기 생기는 위험에 침착하게 대처할 수 있는 판단력을 주옵소서.

한 사람 몫의 사람으로 자라기까지, 제가 잡아 줄 수 없는 손을 하나님이 잡아 주옵소서. 그러면 진섭이는 혼자 길을 다녀온 자랑스러움과 성취감에 또 한 뼘 자랄 것입니다.

함께하시며 보호하시는 예수님의 이름으로 기도합니다. 아멘.

나를 기가 막힐 웅덩이와 수렁에서 끌어올리시고 내 발을 반석 위에 두사 내 걸음을 견고하게 하셨도다 (시 40:2)

좋은 친구를 주소서

좋은 친구이신 예수님, 우리 제환이가 좋은 친구를 만날 수 있게 도와주옵소서. 이 위태로운 세상을 살아갈 때, 맞잡은 손만으로도 서로 위로가 되고 도전이 되는 친구를 주옵소서.

하나님의 마음을 아는 요나단이 하나님의 심장을 가진 다윗을 만났을 때, 그 마음이 서로 연락되고 사랑하게 되었던 것처럼, 요나단과 같은 친구를 주옵소서. 또 우리 제환이도 그 친구에게 요나단과 같은 친구가 되게 해 주옵소서.

세상 풍조를 따라가는 친구들에게 휩쓸려, 하나님을 멀리하는 일이 없도록 도와주옵소서. 악을 행하는 것을 즐거워하는 친구들로부터 보호해 주시고, 폭력적인 세력으로부터 지켜 주옵소서.

친구로부터 따뜻한 사랑을 배우게 하시고, 다른 사람을 사랑하며 섬기는 법을 배우게 해 주옵소서. 세상을 거슬러 살아가는 믿음의 길을 걸을 때, 눈빛만으로도 서로 통할 수 있는 뜨거운 친구를 주옵소서.

바울에게 디모데를 주셨듯, 다윗에게 요나단을 주셨듯, 이기주의가 팽배한 이 세상에서 혼자 살아가지 않도록 믿음의 동역자를 만나게 해 주옵소서.

예수님의 이름으로 기도합니다. 아멘.

철이 철을 날카롭게 하는 것 같이 사람이 그 친구의 얼굴을 빛나게 하느니라 (잠 27:17)

세상의 무서운 환경에서 보호하소서

죄를 싫어하시는 하나님, 죄 가운데 사는 저희를 불쌍히 여겨 주옵소서. 아무 이유 없이 사람을 해하거나 죽이고도, 죄책감을 느끼지 못하는 사람들이 있습니다. 온갖 무서운 범죄와 사고가 늘 우리 주변에 있습니다. 하나님과 단절된 고통이 인생사 여기저기에서 드러나 있습니다.

이 무서운 환경 속에서 저는 아이들을 보호할 힘이 없습니다. 엄마가 지켜보고 있는 가운데서도 납치되는 아이들, 눈앞에서 일어나는 피할 수 없는 교통사고……. 정말 제 힘으로 막을 수 있는 것이 얼마나 되겠습니까? 저는 제 아이들의 보호자가 될 수 없음을 고백합니다.

저 자신도 제가 보호할 수 없습니다. 오늘 사고를 당할는지, 큰 병을 만날는지도 알 수 없습니다.

오직 하나님의 자비하심을 구합니다. 사람에게 감당할 수 없는 시험을 허락하지 않으시는 하나님만을 의지합니다. 하나님, 저를 보호해 주시고 성원이를 보호해 주옵소서. 주님의 날개 아래 품어 주옵소서. 위험한 지경에서 건져 주시고, 사고로부터 보호해 주옵소서. 세상의 무서운 환경에서 보호해 주옵소서. 하나님만이 성원이의 피난처가 되십니다.

예수님의 이름으로 기도합니다. 아멘.

주는 포학자의 기세가 성벽을 치는 폭풍과 같을 때에 빈궁한 자의 요새이시며 환난 당한 가난한 자의 요새이시며 폭풍 중의 피난처시며 폭양을 피하는 그늘이 되셨사오니 (사 25:4)

무신론의 위험에서 보호하소서

아이들과 함께 국립과학관에 다녀왔습니다. 수많은 과학 원리들을 보여 주도록 잘 꾸민 곳입니다. 과학관에서 이 세상 학문의 벽이 얼마나 견고하고 높은지를 보았습니다. 추론과 추정이 과학이라는 이름으로 불리며 사실처럼 단정되고 있는 것을 보았습니다. 증명하거나 실험할 수 없는 인류의 기원이나 우주의 탄생에 대한 가설이 진실처럼 각인되고 있었습니다.

우리 아이들이 살고 있는 환경이 얼마나 하나님을 바라보기 힘든 곳인지, 다시 한 번 깨닫습니다. 아이들이 하늘처럼 생각하는 선생님과 불변의 진리처럼 받아들이는 교과서는 그럴 듯한 자료와 사진을 제시하며 하나님이 없다고 가르칩니다. 그러나 교회에서는 아무런 논리도 없이 덮어놓고 하나님을 믿으라고 말합니다.

이 혼란 속에서 아이들은 성경의 위치를 신화로 여기며 이 엇박자를 정리합니다.

하나님, 어떻게 해야 제가 세상의 논리에 맞서 아이에게 하나님이 실재하시는 분이심을 가르칠 수 있겠습니까? 어떻게 해야 물질세계 너머에 계신 하나님을 설명할 수 있겠습니까? 제 눈에는 상처 하나가 아무는 데서도 하나님이 보이는데, 아이에게는 어떻게 그 신비를 가르치겠습니까?

하나님, 제게 지혜를 주옵소서. 영이신 하나님 앞으로 아이를 이끌 수 있는 지혜를 주옵소서. 과학이라는 이름으로 다가오는 거대한 무신론과 맞설 수 있도록 지혜를 주옵소서.

이 일을 잘하기 위해 공부하겠습니다. 창조과학 사이트로도 공부하고, 책을 통해서도 공부하겠습니다. 안전한 길로 인도해 주옵소서. 그리고 아이의 마음을 열어 주셔서, 하나님을 볼 수 있도록 주장해 주옵소서.

예수님의 이름으로 기도합니다. 아멘.

> 대저 여호와께서 이같이 말씀하시되 하늘을 창조하신 이 그는 하나님이시니 그가 땅을 지으시고 그것을 만드셨으며 그것을 견고하게 하시되 혼돈하게 창조하지 아니하시고 사람이 거주하게 그것을 지으셨으니 나는 여호와라 나 외에 다른 이가 없느니라 (사 45:18)

다니는 학교를 축복하소서

하나님, 수성이의 학교를 위해 기도합니다. 무한 경쟁으로 치닫는 교육 정책에 따라 학교도 학부모도 아이들도 신경이 곤두서 있는 요즘입니다.

그러나 하나님, 성적이 우수한 아이들을 길러 내는 데 전력하느라 아이들의 심성을 다치게 하지나 않을까 걱정입니다. 우수한 아이들을 길러 내기도 하지만 그보다 먼저 아이들을 사랑하는 학교가 되게 해 주옵소서. 아이들을 생각하고, 아이들을 위해 더 나은 정책을 고민할 수 있는 학교가 되게 도와주옵소서.

잘하는 아이만 살아남는 학교가 아니라, 서로 어울려 각자의 재능을 찾아 주는 학교가 되게 도와주옵소서.

몸담고 있는 선생님들을 축복합니다. 아이들에게 바른 가치관을 심어 주는 선생님이 되게 도와주옵소서. 인생의 모델이 될 수 있는 선생님이 되게 도와주옵소서. 지식을 전달할 뿐 아니라 삶의 가치를 전달할 수 있는 선생님이 되도록 도와주옵소서.

건강을 책임지는 급식실을 위해 기도합니다. 조금 더 이익을 얻기 위해 더러운 먹거리를 섞지 않게 도와주시고, 한창 자라는 아이들에게 좋은 음식을 제공하는 것을 보람으로 알게 도와주옵소서.

예수님의 이름으로 기도합니다. 아멘.

그러므로 내가 첫째로 권하노니 모든 사람을 위하여 간구와 기도와 도고와 감사를 하되 임금들과 높은 지위에 있는 모든 사람을 위하여 하라 이는 우리가 모든 경건과 단정함으로 고요하고 평안한 생활을 하려 함이라 (딤전 2:1, 2)

학교에서 능동적이게 하소서

은선이가 학교에 갑니다. 딱딱한 의자에 앉아서 여섯 시간 동안 학과 공부를 합니다.

경직된 교실에서 경직된 수업을 수동적으로 받다 보면, 혹 삶이 경직되지 않을까 걱정스럽습니다. 선생님이 말씀하시는 동안 딴생각으로 머리를 어지럽히면, 매일 집중하지 않고 딴생각하는 훈련을 하게 될까 걱정스럽습니다.

하나님, 은선이에게 능동적인 마음을 주옵소서. 수동적으로 가르침을 받는 것이 아니라, 능동적으로 수업에 참여할 수 있도록 도와주옵소서. 선생님이 가르치는 내용의 앞과 뒤를 이해하게 하시고, 적극적으로 선생님의 논리를 따라가게 도와주옵소서.

가르침을 통해 옳고 그름을 배우게 하시고, 원리를 깨닫게 해 주옵소서.

학교가 지겨운 곳이 아니기를 바랍니다. 은선이에게 학교는 세상을 살아가는 데 필요한 지혜를 가르치고, 삶의 원리를 가르치며, 재능을 개발할 수 있는 곳이 되게 하여 주옵소서.

학교가 즐겁고 친숙한 곳이 되게 해 주옵소서. 학교에서 배워야 할 것들을 즐거운 마음으로 습득할 수 있도록 환경을 열어 주시고, 은선이의 마음을 다스려 주옵소서.

예수님의 이름으로 기도합니다. 아멘.

> 지극히 작은 것에 충성된 자는 큰 것에도 충성되고 지극히 작은 것에 불의한 자는 큰 것에도 불의하니라 (눅 16:10)

좋은 선생님을 만나게 하소서

좋은 선생님 되신 하나님, 우리 민섭이가 학교에서 좋은 선생님을 만나게 해 주옵소서. 꿈을 주는 선생님을 만나게 해 주옵소서.

민섭이는 학교에서 많은 시간을 보냅니다. 이제는 엄마의 말보다 선생님의 말 한 마디가 그 인생에 큰 영향을 줄 것입니다.

하오니 하나님, 헬렌 켈러가 설리번 선생님을 만났듯, 디모데가 사도 바울을 만났듯, 인생을 바꿀 수 있는 위대한 선생님을 만나게 도와주옵소서. 영적인 멘토를 주옵소서.

교권이 땅에 떨어져, 존경할 스승이 없다고 통탄하는 시대입니다. 그릇된 교사를 통해 왜곡된 세상을 먼저 경험하지 않도록 보호해 주옵소서. 선생님을 통해 지식을 배울 뿐만 아니라, 삶을 배울 수 있도록 인도해 주옵소서.

이를 위해서 하나님, 저는 선생님 편에 서고자 합니다. 사람의 마음이 어찌 악하기만 하거나 어찌 선하기만 하겠습니까? 민섭이가 선생님을 바로 보고 존경할 수 있도록 말과 행동을 조심하겠습니다. 제게 선생님의 좋은 점을 발견할 수 있는 눈을 주옵소서. 선생님과 좋은 관계를 맺어갈 수 있도록 도와주옵소서. 그리하여 민섭이가 선생님을 존경하는 아이로 자랄 수 있도록 도와주옵소서.

예수님의 이름으로 기도합니다. 아멘.

> 형제들아 너희는 함께 나를 본받으라 그리고 너희가 우리를 본받은 것처럼 그와 같이 행하는 자들을 눈여겨보라 (빌 3:17)

시험으로 인해 성장하게 하소서

하나님, 오늘은 시험을 보는 날입니다. 지금까지 배운 것을 얼마나 이해했는지, 얼마나 알고 있는지를 테스트하는 날입니다. 그러나 오늘 하루의 시험이 수지의 모든 것을 평가하는 것일 수 없습니다.

자신이 알고 있는 것과 모르는 것을 구분하게 도와주시고, 스스로를 격려하고 채찍질할 수 있는 날이 되게 하옵소서.

시험에 눌려 시험받는 일 없게 도와주옵소서. 시험 앞에 서기까지의 과정에 함께하셨던 것처럼 시험 보는 순간에도 함께하셔서, 배운 것이 기억나게 하시고, 출제자의 의도를 읽을 수 있는 지혜를 주옵소서. 답안을 밀려 쓰거나 문제를 잘못 읽는 실수를 범하지 않게 막아 주시고, 아는 것을 성실하게 평가할 수 있는 마음을 주옵소서.

결과에 집착한 나머지 양심을 속이는 일이 없도록 도와주옵소서. 점수가 나오는 시험에 연연하여, 하나님 앞에서 정직한 양심을 시험 보고 있다는 사실을 잊지 않도록 도와주옵소서.

이 시험이 아이를 시험에 빠뜨리는 것이 아니라 시험으로 인해 한 뼘 성장하도록 지켜 주옵소서.

예수님의 이름으로 기도합니다. 아멘.

여호와는 의로우사 의로운 일을 좋아하시나니 정직한 자는 그의 얼굴을 뵈오리로다 (시 11:7)

입시제도에 멍들지 않게 하소서

사람을 높이기도 하시고 낮추기도 하시는 하나님, 인생의 주권이 하나님께 있음을 고백합니다.

지금 우리나라의 현실은 모두 좋은 대학을 향하여, 좋은 성적을 향하여 나아가고 있습니다. 성적으로 아이들의 가치가 결정되고 있습니다. 교실 안에서 동고동락하는 친구가 사실은 이겨야만 하는 적이 되는 살벌한 시대를 우리 자녀들이 살고 있습니다.

자주 바뀌는 정책과 욕심 있는 엄마들의 등쌀에 아이들의 마음이 멍들지나 않을지 걱정입니다.

하나님, 이 삭막한 현실 속에서 우리 형섭이 마음을 지켜 주옵소서. 입시라는 높은 감옥 속에 갇히지 않게 도와 주옵소서. 친구를 밟고 경쟁에서 이겨야만 살아남는 논리 속에 멍들지 않도록 지켜 주옵소서.

그래도 형섭이가 보도블록 틈새로 자라는 잡초처럼 생명력 있게 자라 가고 있음을 감사합니다.

제가 형섭이를 세상의 가치관에 맞추어 경쟁 속에 몰아넣지 않도록 제 마음을 다스려 주옵소서. 사람을 높이기도 하시고 낮추기도 하시는 분은 오직 주님뿐임을 고백합니다.

예수님의 이름으로 기도합니다. 아멘.

여호와는 죽이기도 하시고 살리기도 하시며 스올에 내리게도 하시고 거기에서 올리기도 하시는도다 여호와는 가난하게도 하시고 부하게도 하시며 낮추기도 하시고 높이기도 하시는도다 (삼상 2:6, 7)

사춘기에 복을 주소서

사랑의 하나님, 우리 해인이가 이만큼 자라게 하신 것을 감사합니다. 아장아장 걸음마를 배우던 게 엊그제 같은데 벌써 제 키를 훌쩍 넘길 만큼 자랐습니다. 무엇 하나 제대로 해 준 것도 없는데, 나이만큼 자라게 하시니 감사합니다. 아이가 자라는 만큼 걱정도 자라납니다. 아이는 점점 제 손을 벗어나 친구들에게로, 제가 모르는 온라인 세계로, 사춘기 세계로 달려갑니다. 저는 따라갈 수도 없고, 따라가서도 안 되는 길을 혼자 걸어갑니다.

사랑의 주님, 주님이 해인이를 따라가 주옵소서. 주님이 해인이의 손을 잡고 마음과 생각이 성장하는 사춘기의 길을 함께 가 주옵소서. 자신과 세상을 보는 눈이 성큼 자라는 사춘기가 되게 해 주옵소서. 어린아이의 일을 버리고 미래를 설계하며 스스로의 인생에 대해 깊이 고민하는 사춘기가 되게 해 주옵소서. 세계에 대해, 미래에 대해, 사명에 대해 확고한 신념이 세워지는 사춘기가 되도록 축복해 주옵소서. 건강한 자아관이 세워지고, 하나님을 바로 보는 신관이 세워지게 도와주옵소서. 부모로부터 분리되는 이 아름다운 사춘기에 하나님이 동행해 주시고, 아무 이해타산이나 선입견 없이 홀로 하나님을 대면하는 시간을 갖도록 도와주옵소서.

세상 친구의 가치관에 동화되어서 죄의 길을 갈까 두렵습니다. 죄를 죄라고 말하지 않고, 누구나 다 하는 것이라고 하는 말에 속지 않도록 도와주옵소서. 죄를 재미라고 하는 말에 속지 않도록 도와주옵소서.

또한 하나님의 성전인 자기 몸을 존귀하게 여기게 하여 주옵소서. 몸이 쾌락을 위해 있는 것이며 자기 자신의 것이라고 말하는 거짓말에 속지 않도록 도와주옵소서. 하나님이 주신 아름다운 몸을 술, 마약, 담배로 더럽히지 않도록 지켜 주옵소서.

거룩하신 예수님의 이름으로 기도합니다. 아멘.

> 내 이름으로 불려지는 모든 자 곧 내가 내 영광을 위하여 창조한 자를 오게 하라 그를 내가 지었고 그를 내가 만들었느니라 (사 43:7)

마음이 아픈 아이를 위한 치유 기도

가르치기 보다 한 발 앞선 엄마의 기도

모든 아픔과 상처를 치유하시는 주님,
제 힘으로 할 수 없어 주님께 올려 드립니다.
이 아이를 치유하여 주옵소서.
본이 되지 못하는 저를 치유하여 주옵소서.
주님의 긍휼하심을 기다립니다.

고집 센 아이를 위한 치유기도

능치 못한 일이 없으신 전능하신 하나님, 하나님의 능력을 의지하여 기도합니다. 저희 기도를 들으시고 응답해 주옵소서.

하나님, 먼저 주님이 맡겨 주신 뜻대로 아이를 잘 양육하지 못한 저를 용서해 주옵소서. 우유부단하고 바른 권위를 발휘하지 못하여 아이에게 순종하는 성품을 키워 주지 못했음을 고백합니다. 하나님께 사랑하는 혜진이를 맡기오니, 치유하여 주옵소서.

사람의 마음속에는 근본적으로 순종하기 싫어하는 거역의지가 있습니다. 먹지 말라는 열매를 다시 한 번 쳐다보고 입맛을 다시는 악한 의지가 있습니다. 이런 거역 의지로 인해 우리 혜진이가 고집 센 아이가 되고 있음을 고백합니다.

하나님, 혜진이의 고집을 옳은 일에 대한 신념으로 바꿔 주옵소서. 혜진이의 고집을 일을 추진하는 리더십으로 바꿔 주옵소서. 끈기로 바꿔 주옵소서.

자기 자신을 절제하는 것이 참된 의지이며, 인내하는 것이 참된 신념인 것을 알게 해 주옵소서. 혜진이에게 하나님 말씀에 순종하는 귀한 성품을 더하여 주옵소서.

아이의 그릇된 거역 의지와 고집을 다스릴 수 있도록 저에게 힘을 더하여 주옵소서.

예수님의 이름으로 기도합니다. 아멘.

그가 이르시기를 너희는 각자의 악한 길과 악행을 버리고 돌아오라 그리하면 나 여호와가 너희와 너희 조상들에게 영원부터 영원까지 준 그 땅에 살리라 (렘 25:5)

컴퓨터 중독 아이를 위한 치유기도

우리의 도움이 되시는 하나님, 준서를 도와주옵소서. 컴퓨터 중독으로부터 준서를 건져 주옵소서.

하나님은 사람과 사람이 살을 부딪치며 살기를 원하셨는데, 메마른 이 시대의 많은 어린이들이 컴퓨터 같은 비인격과 교류하며 살아갑니다. 온라인 세상과 오프라인 세상의 경계를 넘나들며 살아가는 요즘 아이들에게는 컴퓨터가 소망이며, 컴퓨터가 우상이며, 삶의 전부이기도 합니다.

전능하신 하나님, 준서의 컴퓨터 중독을 치료하여 주옵소서. 컴퓨터는 더 편리한 세상을 위한 도구임을 알게 하시고, 내가 다루고 사용해야 할 물건임을 알게 해 주옵소서. 컴퓨터의 게임머니가 준서를 다스리고 그 생각을 장악하지 않도록 도와주옵소서. 컴퓨터에 매여 영혼이 빛을 잃지 않도록 도와주옵소서. 성령님의 치유가 준서에게 임하여 주옵소서.

   준서의 의지를 훈련시키시고, 하나님이 주시는 건전한 즐거움을 찾을 수 있도록 도와주옵소서.

   이 일을 위해 온 가족이 도울 수 있도록 가족들에게도 은혜를 더해 주옵소서. 함께하는 놀이 시간을 만들겠습니다. 좋은 취미를 만들 수 있도록 도와주옵소서.

   우리를 치유하시는 예수님의 이름으로 기도합니다. 아멘.

> 이르시되 너희가 너희 하나님 나 여호와의 말을 들어 순종하고 내가 보기에 의를 행하며 내 계명에 귀를 기울이며 내 모든 규례를 지키면 내가 애굽 사람에게 내린 모든 질병 중 하나도 너희에게 내리지 아니하리니 나는 너희를 치료하는 여호와임이라 (출 15:26)

소심한 아이를 위한 치유 기도

사랑의 하나님, 형석이에게 여린 감성과 착한 마음을 주신 것을 감사드립니다. 다른 사람을 배려하며 겉으로 문제를 드러내지 않는 마음을 주신 것도 감사합니다.

하나님, 형석이의 마음에 담대함을 더해 주옵소서. 형석이의 마음이 너무나 여린 나머지, 스스로 상처받고 스스로 소외된 자리로 걸어가는 것을 볼 때 마음이 아픕니다. 형석이가 안으로 상처받고 속으로 수그러들지 않도록 용기를 주옵소서.

친구들에게 먼저 손 내밀 수 있는 용기를, 먼저 사랑을 베풀 수 있는 아량을 주옵소서. 작은 일에 삐치고 작은 일에 마음 상하지 않도록 그의 도량을 넓혀 주옵소서. 찌그러진 것, 거슬리는 것까지 담을 수 있는 큰마음, 넓은 마음을 주옵소서.

하나님의 사랑이 풍성이 부어져서, 사람들 사이에 설 때 당당하게 해 주옵소서.

실수를 두려워하지 않는 마음 주옵소서. 거절당할 것을 두려워하지 않는 마음 주옵소서.

이 일을 잘 도울 수 있도록, 저에게도 힘을 주옵소서. 그리하여 형석이가 당당하게 설 수 있도록 힘을 불어넣고 용기를 불어넣는 엄마가 되도록 도와주옵소서. 형석이에게 자신감을 줄 수 있는 기회를 잘 포착하게 하시고, 그 마음에 힘이 될 수 있는 격려를 할 수 있도록 저를 이끌어 주옵소서.

지혜를 주시는 예수님의 이름으로 기도합니다. 아멘.

이스라엘이여 너는 행복한 사람이로다 여호와의 구원을 너 같이 얻은 백성이 누구냐 그는 너를 돕는 방패시요 네 영광의 칼이시로다 네 대적이 네게 복종하리니 네가 그들의 높은 곳을 밟으리로다
(신 33:29)

욕심 부리는 아이를 위한 치유기도

사랑의 하나님, 미희를 위해 기도합니다. 미희에게 나누는 삶을 가르쳐 주옵소서.

아직 어려서 그런 것인지, 다른 사람 배려하는 것을 배워야 할 때 적절한 가르침을 받지 못해서 그런 것인지, 또는 지나친 결핍 때문에 그런 것인지 저는 잘 모릅니다. 그러나 하나님은 욕심 부리는 미희 마음의 동기를 아십니다. 마음의 동기를 치유해 주옵소서. 내 것만을 챙기려 하고 욕심 부리는 것이 사탄이 주는 마음인 것을 알게 해 주옵소서.

하나님은 서로 대접하고 나누라고 하셨습니다. 우리 미희가 탐욕의 노예가 되지 않게 도와주옵소서. 자기 것 챙기려는 욕심을 버리고 하나님 말씀에 순종하여 베푸는 사람이 되게 해 주옵소서. 나누며 사는 사람이 되게 해 주옵소서.

자신만을 사랑하는 이기적인 마음을 버리고 이웃을 배려하는 사람이 되게 도와주옵소서.

혹여 저의 태도로부터 이기적인 습성을 배우지 않았을까 걱정스럽습니다. 날마다 저의 욕심을 십자가에 못 박아, 아이에게 나누는 삶의 본을 보일 수 있도록 저를 인도해 주옵소서.

제가 가진 것을 오늘 옆집 아기 엄마와 나누겠습니다. 잊지 않고 실천할 수 있도록 저를 인도해 주옵소서.

예수님의 이름으로 기도합니다. 아멘.

너희는 유혹의 욕심을 따라 썩어져 가는 구습을 따르는 옛 사람을 벗어 버리고 오직 너희의 심령이 새롭게 되어 하나님을 따라 의와 진리의 거룩함으로 지으심을 받은 새 사람을 입으라 (엡 4:22-24)

폭력적인 아이를 위한 치유 기도

사랑의 하나님, 석현이를 주님 품에 안아 주옵소서. 석현이에게 친구를 때리고 먼저 괴롭히는 폭력적인 기질이 있습니다. 이 아이를 주님의 사랑으로 안아 주옵소서.

저는 석현이가 왜 폭력적인지 알지 못합니다. 폭력 행위로 인한 즐거움을 느끼는 것인지, 마음속에 내재된 분노가 있는 것인지, 의사소통의 방법을 배우지 못한 것인지, 제가 알지 못하는 상처가 있는 것인지 잘 모르겠습니다.

그러나 주님은 석현이의 폭력 동기를 아십니다. 석현이 행동의 원인을 아십니다. 주님이 사랑의 손으로 석현이의 마음을 어루만져 주옵소서. 그리하여 석현이의 힘이 다른 친구를 괴롭히는 데 쓰이는 것이 아니라, 약한 이들을 돕는 데 쓰이게 해 주옵소서.

강한 자 앞에서 수그러들면서 약한 자 앞에서는 폭력을 행사하며 힘을 쓰는 비겁한 사람이 되지 않게 도와주옵소서. 주먹을 쓰기 때문에 강한 자처럼 보이지만, 폭력을 쓰는 사람은 자신을 통제하지 못하는 연약한 사람이라는 것을 알게 해 주옵소서.

칼을 쓰는 자는 칼로 망한다고 말씀하신 주님, 석현이가 칼을 쓰는 자가 아니라 사랑을 사용하는 사람이 되게 도와주옵소서. 하나님의 치유의 손길을 기다립니다.

사랑이신 예수님의 이름으로 기도합니다. 아멘.

> 그러므로 무엇이든지 남에게 대접을 받고자 하는 대로 너희도 남을 대접하라 이것이 율법이요 선지자니라 (마 7:12)

산만한 아이를 위한 치유기도

질서의 하나님, 우리 현민이의 생활에 질서를 주옵소서. 자기 통제력이 없고, 참을 줄 모릅니다. 규칙에 순응하기 어렵습니다. 현민이에게 '듣는 마음'을 주옵소서. 절제하는 법을 가르쳐 주셔서 단체 생활을 감당해 낼 수 있도록 도와주옵소서. 가만히 앉아 있으면 조급해지고 몸을 움직이고 싶어 어쩔 줄 모르는 마음을 다스려 주옵소서.

현민이의 산만함이 친구들과의 관계를 망칩니다. 놀이에 집중하지 못하고 훼방꾼이 됩니다. 학습 능력에도 영향을 끼칩니다. 주의를 기울이지 못해 배울 수가 없습니다. 선생님의 꾸중이 쌓이면서 스스로를 형편없는 사람으로 생각하거나 공격적인 성향이 될까 봐 두렵습니다.

주님, 저는 이 문제를 해결할 수 없습니다. 주님께 의뢰할 뿐입니다. 주님께서 아이의 마음을 치료하여 주옵소서. 집중할 수 있는 능력과 끈기를 주옵소서. 주님 앞에 무릎 꿇을 수 있는 힘을 주옵소서. 침묵 가운데 기다리는 법도 배우게 하옵소서.

혹시 제가 아이의 말을 경청하지 않거나 무질서하게 생활함으로써 영향을 끼친 것은 아닌지 걱정스럽습니다. 저를 도와주셔서, 아이에게 절제하는 법을 가르칠 수 있도록 인도하옵소서.

도울 수 있는 실마리를 발견하게 하시고, 아이가 집중할 수 있는 것을 발견했을 때 적극 지원할 수 있는 지혜를 주옵소서.

예수님의 이름으로 기도합니다. 아멘.

> 하나님이 우리에게 주신 것은 두려워하는 마음이 아니요 오직 능력과 사랑과 절제하는 마음이니 (딤후 1:7)

죄 지었을 때 드리는 기도

―아이가 죄를 지었을 때 체벌한 후에 함께 기도하십시오.
그런 다음 회개 기도인 시편 6, 32, 38, 51, 102, 130, 143편을
함께 읽어도 좋을 것입니다.

거룩하신 하나님, 하나님은 죄를 싫어하시는 거룩한 분이십니다. 그러나 저희 인간은 너무 연약해서 너무 쉽게 죄를 짓습니다. 오늘 우리 승민이가 ○○○하는 죄를 지었습니다. 이 죄를 하나님 앞에 내려놓습니다. 하나님께서 용서해 주옵소서.

그러나 하나님, 이 죄를 지을 때 승민이의 마음에 두근거림을 주셔서 감사합니다. 하나님이 승민이를 사랑하셔서 양심에 사인을 주신 것입니다. 하나님이 주신 양심이 살아 있음에 감사드립니다. 승민이의 눈에 눈물을 주셔서 감사합니다. 부끄러움 때문에 눈물을 흘립니다. 그 마음이 완악하지 않다는 증거를 주셔서 감사합니다.

또 남몰래 한 이 일이 탄로 나게 해 주셔서 감사합니다. 성공했더라면 다시 죄의 유혹에 빠질 수 있었을 텐데, 엄

마 앞에 들통 나게 하시니 감사합니다. 하나님이 그만큼 승민이가 죄 짓는 것을 싫어하신다는 증거인 줄 압니다.

하나님, 이 죄를 통해 하나님 앞에서 다시 돌아봅니다. 승민이가 거짓말을 할 수밖에 없을 만큼 저의 양육 방법이 강압적이었나 돌아봅니다. 하나님, 하나님이 제게 기다리셨던 것만큼 기다릴 수 있는 여유를 주옵소서. (또는: 승민이가 물건에 탐을 낼 수밖에 없을 만큼 제가 인색하게 굴었나 돌아봅니다. 제 삶 속에서 하나님의 풍성하심을 드러내게 도와주옵소서. 정당하게 소유하는 것에 대한 가르침을 승민이에게 주옵소서.)

하나님은 용서하지 못할 죄가 없으십니다. 이 시간 승민이가 자기의 잘못을 내어놓고 기도합니다. 용서해 주옵소서. 그리고 다시는 이 같은 죄를 짓지 않도록 도와주옵소서. 승민이의 양심이 무뎌지지 않도록 도와주옵소서. 죄가 하나님과의 사이에 깊은 구렁을 만들지 않도록 도와주옵소서. 승민이의 마음에 회복의 기쁨을 허락하여 주옵소서.

우리의 모든 죄를 십자가 위에 못 박으신 예수님의 이름으로 기도합니다. 아멘.

> 만일 우리가 우리 죄를 자백하면 그는 미쁘시고 의로우사 우리 죄를 사하시며 우리를 모든 불의에서 깨끗하게 하실 것이요 (요일 1:9)

매일 아이를 축복하는 기도

가르치기 보다 한발 앞선 엄마의 기도

하나님은 우리에게 축복하며 복 주기 원하십니다.
하나님이 주신 성경 말씀으로
하나님의 방법을 따라 귀한 자녀를 축복합니다.
말씀 자체에 능력이 있음을 믿사오니
저의 축복이 자녀를 살리게 하옵소서.

여호와의 말씀이니라
너희를 향한 나의 생각을 내가 아나니 평안이요 재앙이 아니니라
너희에게 미래와 희망을 주는 것이니라
(렘 29:11)

아이를 꼭 끌어안고 귀에 속삭여 주는 기도

> 너의 하나님 여호와가 너의 가운데에 계시니 그는 구원을 베푸실 전능자이시라 그가 너로 말미암아 기쁨을 이기지 못하시며 너를 잠잠히 사랑하시며 너로 말미암아 즐거이 부르며 기뻐하시리라 하리라 _스바냐 3:17

하나님, 우리 혜원이가 얼마나 사랑스러운지, 눈에 넣어도 아프지 않을 겁니다. 제 마음이 이런데, 사랑 자체이신 하나님은 얼마나 우리 혜원이를 예뻐하실까요? 혜원이가 기쁨을 이기지 못해하시는 하나님의 사랑을 잘 깨닫도록 도와주세요. 혜원이를 사랑해 주셔서 감사해요.

예수님의 이름으로 기도합니다. 아멘.

주일 아침에 드리는 기도

환난 날에 여호와께서 네게 응답하시고 야곱의 하나님의 이름이 너를 높이 드시며 성소에서 너를 도와주시고 시온에서 너를 붙드시며 네 모든 소제를 기억하시며 네 번제를 받아 주시기를 원하노라 (셀라) 네 마음의 소원대로 허락하시고 네 모든 계획을 이루어 주시기를 원하노라 우리가 너의 승리로 말미암아 개가를 부르며 우리 하나님의 이름으로 우리의 깃발을 세우리니 여호와께서 네 모든 기도를 이루어 주시기를 원하노라 _시편 20:1-5

하나님, 오늘 서준이가 하나님께 예배드리러 갑니다. 성소에서 서준이를 도와주시고 시온에서 서준이를 붙들어 주옵소서. 서준이의 모든 예배를 기억하시고 서준이의 찬양을 받아 주옵소서. 서준이 마음의 소원을 들어주시고 서준이의 모든 계획을 이루어 주옵소서. 저희가 서준이의 승리로 말미암아 개가를 부르며 우리 하나님의 이름으로 우리의 깃발을 세우겠습니다. 여호와께서 서준이의 모든 기도를 이루어 주시기 원합니다.

예수님의 이름으로 기도합니다. 아멘.

월요일 아침에 드리는 기도

여호와는 네게 복을 주시고 너를 지키시기를 원하며 여호와는 그의 얼굴을 네게 비추사 은혜 베푸시기를 원하며 여호와는 그 얼굴을 네게로 향하여 드사 평강 주시기를 원하노라 할지니라 하라
_민수기 6:24-26

하나님, 상호에게 복을 주시고 상호를 지켜 주옵소서. 하나님, 그 얼굴로 상호에게 비취사, 은혜를 베풀어 주옵소서. 그 얼굴을 상호에게 향해 드사, 평강을 내려 주옵소서.

예수님의 이름으로 기도합니다. 아멘.

화요일 아침에 드리는 기도

내가 너로 큰 민족을 이루고 네게 복을 주어 네 이름을 창대하게 하리니 너는 복이 될지라 너를 축복하는 자에게는 내가 복을 내리고 너를 저주하는 자에게는 내가 저주하리니 땅의 모든 족속이 너로 말미암아 복을 얻을 것이라 하신지라 _창세기 12:2-3

하나님, 유라에게 큰 영향력을 주시고, 유라에게 복을 주시어 유라의 이름을 창대하게 해 주옵소서. 유라가 하나님의 복이 되게 해 주옵소서. 유라를 축복하는 자에게 하나님이 복을 내리시고 유라를 저주하는 자가 없게 해 주옵소서. 유라로 말미암아 ○학년 ○반이, ○○초등학교가 복을 받게 해 주옵소서.

예수님의 이름으로 기도합니다. 아멘.

수요일 아침에 드리는 기도

그의 영광의 풍성함을 따라 그의 성령으로 말미암아 너희 속사람을 능력으로 강건하게 하시오며 믿음으로 말미암아 그리스도께서 너희 마음에 계시게 하시옵고 너희가 사랑 가운데서 뿌리가 박히고 터가 굳어져서 능히 모든 성도와 함께 지식에 넘치는 그리스도의 사랑을 알고 그 너비와 길이와 높이와 깊이가 어떠함을 깨달아 하나님의 모든 충만하신 것으로 너희에게 충만하게 하시기를 구하노라 _에베소서 3:16-19

하나님, 주의 영광의 풍성함을 따라 하나님의 성령으로 재원이의 속사람을 강건하게 하옵소서. 믿음으로 말미암아 그리스도께서 재원이의 마음에 계시옵고 재원이가 사랑 가운데서 뿌리가 박히고 터가 굳어지게 하옵소서. 그리하여 모든 성도와 함께 지식에 넘치는 그리스도의 사랑을 알고, 그 너비와 길이와 높이와 깊이가 어떠함을 깨닫게 하옵소서. 하나님의 모든 충만하심이 재원이에게 충만하기를 구합니다.

예수님의 이름으로 기도합니다. 아멘.

목요일 아침에 드리는 기도

사랑하는 자여 네 영혼이 잘됨같이 네가 범사에 잘되고 강건하기를 내가 간구하노라 _요한삼서 1:2

하나님, 사랑하는 서율이의 영혼을 보살펴 주셔서, 서율이의 영혼이 잘되게 하옵소서. 또 이와 같이 서율이가 범사에 잘되게 하옵소서. 그리고 오늘 하루, 서율이가 강건하게 하옵소서.

예수님의 이름으로 기도합니다. 아멘.

금요일 아침에 드리는 기도

그가 네 모든 죄악을 사하시며 네 모든 병을 고치시며 네 생명을 파멸에서 속량하시고 인자와 긍휼로 관을 씌우시며 좋은 것으로 네 소원을 만족하게 하사 네 청춘을 독수리 같이 새롭게 하시는도다
_시편 103:3-5

하나님, 준헌이의 모든 죄악을 사하시며 준헌이의 모든 병을 고쳐 주옵소서. 준헌이의 생명을 파멸에서 속량하시고 인자와 긍휼로 관을 씌워 주옵소서. 좋은 것으로 준헌이의 소원을 만족하게 하사 준헌이의 청춘을 독수리같이 새롭게 하옵소서.

예수님의 이름으로 기도합니다. 아멘.

토요일 아침에 드리는 기도

소망의 하나님이 모든 기쁨과 평강을 믿음 안에서 너희에게 충만하게 하사 성령의 능력으로 소망이 넘치게 하시기를 원하노라
_로마서 15:13

소망의 하나님, 지원이에게 모든 기쁨과 평강을 믿음 안에서 충만하게 주옵소서. 성령의 능력으로 지원이 안에 소망이 넘치게 해 주옵소서.

예수님의 이름으로 기도합니다. 아멘.

아이와 함께 자라는 엄마

아이를 키우며 하나님을 알아가는 엄마의 기도

아이를 키우며 하나님의 마음을 배웁니다.
이렇게 곱게 우리를 위한 길을 예비하시고
이렇게 가슴 벅차게 사랑하신 하나님.
아이를 키우며 사실은 나 자신을 키웁니다.
감정을 다스리는 법, 기다리는 법, 사랑하는 법, 감사하는 법…….
아이를 키우며 하나님께 나아갑니다.
내가 할 수 있는 영역과 내가 할 수 없는 영역을 알고
하나님께 맡기는 법을 배웁니다.
아이는 하나님이 주신 저의 소중한 선생님입니다.

아이를 주신 하나님, 감사합니다

선물을 받아 보니, 선물 주신 분의 마음을 알겠습니다. 가장 좋은 것을 모아 가장 귀한 그릇 속에 꼭꼭 담고 가장 아름다운 영혼을 부어 만들어 주신 귀한 선물. 어떻게 이렇게 예쁜 아기를 만드셨습니까? 어떻게 이렇게 사랑스러운 아기를 빚으셨습니까? 그리고 어떻게 이렇게 아깝고 소중한 선물을 저에게 주십니까?

이렇게 맑은 눈과 이렇게 귀여운 코, 오물거리는 입, 꼼지락거리는 손과 발! 하나님께서 주신 선물을 보니, 하나님께서 이 부족한 자를 얼마나 사랑하시는지, 이 못난 딸을 얼마나 아끼시는지 알겠습니다.

저는 주님께 뭐 하나 변변한 것 드린 게 없는데, 주님의 손으로 빚으신 이 귀한 영혼을 제게 맡겨 주십니까? 제가 감히 하나님의 자녀를 맡아 양육할 수 있겠습니까?

아기는 하루 종일 저를 바라보며 저에게 의존합니다. 저 자신이 나를 사랑하는 것보다 더 저를 사랑하며 저를 바라봅니다.

감사를 드리는 것밖에 제가 할 일이 무엇일까요? 하나님 마음의 백분의 일이라도 품고 아이를 양육할 수 있도록 도와주옵소서. 주신 분 마음에 어긋나지 않게 양육하도록 도와주옵소서.

예수님의 이름으로 기도합니다. 아멘.

젊은 자의 자식은 장사의 수중의 화살 같으니 이것이 그의 화살통에 가득한 자는 복되도다 그들이 성문에서 그들의 원수와 담판할 때에 수치를 당하지 아니하리로다 (시 127:4, 5)

기뻐할 수 없는 진짜 이유는 다른 데 있습니다

항상 기뻐하라고 말씀하신 하나님, 제 속에 있는 거역 의지를 발견하고 주님 앞에 가져옵니다. 주님이 이 악한 마음을 다스려 기쁨으로 바꿔 주옵소서.

기뻐하라는 말씀이 명령이라는 것을 새삼스럽게 깨달았습니다. 하나님은 불가능한 것을 요구하시는 분이 아니시지요. 도저히 기뻐할 수 없는 환경과 상황 속에서도 기뻐하기로 결단하고 나아갈 수 있기에, 기뻐하라는 명령을 주신 것입니다.

성령이 주시는 이 깨달음대로 기뻐하기로 결단하려고 하자, 엄청난 죄악이, 전혀 알지 못했던 거역 의지가 제 안에 있음을 발견하게 되었습니다.

하나님, 저는 기뻐하기가 싫습니다. 제가 기쁨으로 넉넉하게 살아가면, 제 남편이, 특히 가까운 사람들이 제가 수

고하고 애쓰는 것을 몰라줄까 봐 기뻐하기 싫습니다. 저에게 더 큰 짐을 올려놓게 될까 봐 기뻐하기가 싫습니다. 제가 툴툴거리고 힘들어하고 불평을 해야 제 이권을 지킬 수 있을 것 같고, 저를 알아줄 것만 같습니다.

오, 주님. 제가 진심으로 기뻐할 수 없는 건 환경 때문이 아닙니다. 제 속에 있는 불신앙 때문입니다. 하나님에 대한 불신앙, 하나님이 알아주신다는 것에 대한 확신 없음, 혹은 그 알아주심을 하찮게 여기는 불신앙…….

기뻐하라시는 하나님의 명령 앞에 순종하기 싫은 이 마음을 만져 주옵소서. 집안일과 아이들 양육하는 일을 기쁨으로 감당하기 싫은 이 거역 의지를 만져 주옵소서. 말로는 주님의 위로하심만 있다면 무엇이든 할 수 있다고 고백했지만, 이제 제 속을 들여다보니 주님의 위로하심을 하찮게 여기는 독한 불신앙이 숨어 있음을 알겠습니다.

하나님, 제 힘으로는 이 작은 결단 하나 할 수 없음을 고백합니다. 이기적이고 손해 보기 싫은 제 욕심은 계속 불평 가운데 남아 있고 싶어 합니다. 그러나 오늘 하나님께서 제 안에 있는 이 어둠의 마음을 보여 주시니, 하나님 말씀에 순종하기로 결단합니다. 기뻐하기로 결단합니다. 부디 저를 도와주옵소서.

하나님보다 사람의 인정을 받고 싶어 한 욕심을 회개합니다. 하나님의 보상보다 남편의 보상을 더 좋은 것으로 여긴 잘못을 회개합니다. 주님의 위로를 가벼이 여긴 죄를 회개합니다.

주님, 이제 인정과 보상을 받고 싶은 마음마저 주님께 맡깁니다. 가족이 인정하지 않아도, 제가 기뻐함으로 인해 더 많은 수고와 손해가 온다 하더라도 기뻐할 수 있는 힘을 주옵소서. 이제 기뻐하기로 결단하오니, 저를 도와주셔서 기뻐하는 감정을 보내 주옵소서. 주님은 기쁨의 근원이십니다.

예수님 이름으로 기도합니다. 아멘.

주 안에서 항상 기뻐하라 내가 다시 말하노니 기뻐하라 (빌 4:4)

부모님께 받은 사랑의 빚을 생각합니다

하나님, 정말 죄송합니다. 생각해 보니, 저는 결혼할 때까지도 우리 집 쓰레기통을 누가 치우는지 몰랐습니다. 제가 아무렇게나 벗어 던진 옷들이 어떻게 깨끗하게 빨려 서랍 속에 들어가는지 몰랐습니다. 옷을 빨아 말린 다음, 개어 서랍에 넣어야만 정리가 되는 것이고, 방바닥은 걸레질을 해야만 깨끗해지는 것이었군요.

이렇게 간단한 사실도 모르고 큰 것만을, 엄청난 무언가만을 이루어야 하는 줄 알았습니다. 작은 일에 섬기는 것, 걸레질 하나를 사랑으로 하는 것, 이 일을 주님이 받으신다는 것을 몰랐습니다.

집에서 아이의 시중을 들면서 제 인생이 구겨지고 있다고 생각한 것을 회개합니다. 아담 때로부터 내려오는 모든 부모들이 이렇게 가정을 가꾸었고, 이렇게 자녀를 키웠군요. 제가 갖고 있는 편안한 유년의 기억은 어느 한 날의 기억이 아니라, 이런 수고와 섬김으로 빚은 매일 매일의 열매였군요. 수고하며 저를 키워 주신 부모님을 주셔서 감사합니다.

남 같기만 했던 시부모님을 생각합니다. 시어머니와 시아버님도 당신들 몸 돌보지 않고 이런 수고로 아들을 키우셨겠지요. 몸 안에 품고 키워 낳은 다음에는, 아무것도 할 줄 모르고 완전히 의존적인 아기를 먹이고 입히고 똥을 치우면서 키우셨겠지요. 이런 과정을 다 겪고 키운 다음에 그 아까운 자식을 당신들 소유라 생각하지 않으시고 독립시키신 것이로군요.

세상의 모든 부모, 세상의 모든 양육자에게 고개를 숙입니다. 부모님을 더 잘 섬길 수 있도록 도와주옵소서.

주부가 된다는 것, 아기를 키운다는 것이 제게는 참 버거운 일입니다. 그러나 혼자 걷는 길이 아니어서 얼마나 위로가 되는지 모릅니다. 하마터면, 손발 꽁꽁 묶여 집안에 던져진 것을 원망하면서, 주님이 주신 사랑하는 아이를 족쇄처럼 여기면서 지낼 뻔했습니다.

제가 수고와 사랑의 빚으로 자랐으니, 하나님이 만드신 원리대로 자녀에게 그 빚을 갚으며 살겠습니다. 그러나 제 엄마 아빠가 하셨던 것만큼 할 수 있을지 모르겠습니다. 시부모님이 하신 것만큼 할 수 있을지 모르겠습니다. 부모님들이 보여 주셨던 조건 없는 사랑을 자녀에게 갚을 수 있도록 저에게 힘을 주옵소서. 작은 일에 충성하는 법을 배우게 해 주옵소서.

섬김의 삶을 가르치신 예수님의 이름으로 기도합니다. 아멘.

> 나의 자녀들아 너희 속에 그리스도의 형상을 이루기까지 다시 너희를 위하여 해산하는 수고를 하노니 (갈 4:19)

기저귀를 갈며 하나님을 알아갑니다

사랑하는 하나님, 하나님이 제게 주신 아이는 제게 완전히 의존하고 있습니다. 기저귀를 갈아 달라고 울어대는 데 체면 차리지 않으며, 배고프다고 울어대는 데 눈치를 보지 않습니다.

어린아이와 같지 아니하면 천국에 갈 수 없다고 말씀하신 하나님, 이 아이가 제게 의존하는 것처럼 하나님께 의존하기 원합니다.

하나님이 참 보호자이신 걸 알고 하나님께 완전히 의존하게 해 주옵소서. 하나님이 안전한 피난처라는 것을 알게 해 주옵소서.

똥을 싸고도 당당하게 치워 달라고 울어대는 아이를 보며, 하나님 품에서 안식하지 못했던 저의 죄를 회개합니다. 인간의 한계를 지닌 이 부족한 자도 아이의 똥을 기꺼이 치워 주는데, 요청만 하면 들어주겠다, 내가 너의 안전한 피난처다, 수없이 말씀하신 하나님 앞에서 끝까지 체면 차리려 하고, 주워온 자식처럼 눈치를 본 저를 용서해 주옵소서.

엄마의 손에 완전히 의존적인 제 아기를 보며 아버지이신 하나님의 마음을 배웁니다.

하나님 품에 온전히 의탁할 수 있도록 제 마음을 순전케 해 주시고, 제 아이도 하나님의 안전한 품에 의탁할 수 있도록 인도해 주옵소서.

예수님의 이름으로 기도합니다. 아멘.

> 나는 여호와를 향하여 말하기를 그는 나의 피난처요 나의 요새요 나의 의뢰하는 하나님이라 하리니 (시 91:2)

엄마다운 엄마가 되게 해 주소서

참 부모가 되신 하나님, 제가 엄마다운 엄마가 되도록 도와주옵소서.

때로 아이들과 감정싸움을 하고 있는 저를 발견합니다. 아이들을 가르치는 것이 아니라, 아이들과 다투고 있습니다. 때로는 감정이 폭발해, 아이들 앞에서 울어 버리기도 하고, 제 분에 못 이겨 소리를 지르기도 합니다.

사소한 말 때문에 싸우는 아이들이나 사소한 말투 때문에 마음 상해하는 저나 똑같은 어린아이일 때가 많습니다. 말로는 아이들을 가르친다고 하지만, 사실은 제 분을 토하고 있기도 합니다. 아이들을 훈계한다고 하지만, 감정적으로 휘말려 싸우고 있을 때도 있습니다.

화내지 않고 아이들을 가르치고 감정에 휘말리지 않고 중재할 수 있도록 저를 도와주옵소서. 제게 어른다움을,

엄마다움을 가르쳐 주옵소서. 아이들과 기 싸움을 하는 것이 아니라 아이들을 올바르게 훈육할 수 있도록 도와주옵소서.

용납해야 할 상황과 짚고 넘어가야 할 상황을 분별하게 하옵소서. 믿고 맡겨야 할 상황과 적극적으로 개입해야 할 상황을 분별하게 하옵소서. 덮어 주고 안아 주어야 할 상황과 똑바로 가르쳐야 할 상황을 분별하게 하옵소서. 하나님의 대리인으로서 제가 해야 할 일을 가르쳐 주옵소서.

가르침의 근본이신 예수님의 이름으로 기도합니다. 아멘.

> 모든 성경은 하나님의 감동으로 된 것으로 교훈과 책망과 바르게 함과 의로 교육하기에 유익하니 이는 하나님의 사람으로 온전하게 하며 모든 선한 일을 행할 능력을 갖추게 하려 함이라
> (딤후 3:16, 17)

낮은 자존감을 회개합니다

친구들 사이에서 기죽은 아이를 보니 제 마음이 너무 아픕니다. 저는 아이가 당당하고 자신감 있었으면 좋겠습니다. 자신없어하고 자기 존재를 비하하는 모습을 보니, 제가 모진 욕을 듣는 기분입니다.

하나님, 고개 숙인 아이를 보며 하나님께 회개합니다. 제가 고개 숙이고 위축될 때, 하나님 마음도 이와 같으셨겠군요. 위축되는 것은 그냥 안된 일이 아니라 하나님의 창조 솜씨에 대한 모독이었던 것이었군요. 주님의 마음을 한없이 아프게 한 죄였던 것이군요.

하나님, 스스로를 비하했던 태도와 말이 하나님을 향한 범죄였음을 깨닫고 회개합니다. 저의 열등감, 낮은 자존감을 회개합니다. 이 낮은 자존감으로 인해 하나님의 마음을 아프시게 했던 것을 회개합니다. 사랑하는 사람들을 피곤하게 했던 것을 회개합니다. 저를 도와주세요.

하나님이 만드셨던 창조의 모습 그대로, 당당하게 설 수 있도록 도와주옵소서. 저 자신이 예수님의 핏값으로 사신 귀한 존재라는 것을 늘 되새길 수 있도록 도와주옵소서. 주님의 자녀이기 때문에 당당한 리더로 설 수 있도록 도와주옵소서. 그래서 우리 아이들에게도 당당함이 흘러갈 수 있도록 해 주옵소서. 끊임없이 우리를 송사하는 사탄의 목소리에 속지 않도록 저를 이끌어 주옵소서.

예수님 이름으로 기도합니다. 아멘.

> 그러나 너희는 택하신 족속이요 왕 같은 제사장들이요 거룩한 나라요 그의 소유가 된 백성이니 (벧전 2:9)

아직도 저는 아이입니다

어쩌면 주님, 어떻게 저의 유년 시절을 고대로 제 앞에 펼쳐놓으십니까? 어쩌면 그렇게 저의 부끄러운 모습을 고대로 재현해 놓으십니까? 게으른 것, 느린 것, 말대꾸하는 것, 다른 사람에게 미루는 것, 과장하는 것, 핑계 대는 것……. 아, 주님! 제 딸을 보고 있는 것이 부끄럽고 괴롭습니다. 철없을 때 저지른 저의 잘못을 용서해 주옵소서.

시시한 게임을 하다가도 지면 얼굴이 붉으락푸르락해지며 마음이 상하는 모습을 봅니다. 작은 말다툼에도 감정이 상해 토라지는 모습을 봅니다. 작은 실패 하나 담을 수 없는 좁은 가슴을 봅니다.

저 딸도 자라서 자신의 모습을 돌아보게 되겠지요. 그리고 저처럼 부끄러워하며 얼굴을 붉히겠지요.

이것이 하나님의 교육 방법이시군요. 제가 철없어서 부끄러운 줄도 모르고 나댈 때는 다 용납해 주시더니, 어른이 되고 나니 커다란 거울을 제 앞에 갖다 놓으시고 저를 돌아보게 하십니다. 그 거울이 너무 정직하고 선명해서, 마주보기 괴로울 정도입니다.

엄마로 산다는 것이 두렵습니다. 주님, 저를 도와주세요. 제 뒤를 똑같이 따라오는 자녀들을 보니 한 걸음, 한 걸음이 두렵습니다.

아이들은 제가 엄마인 줄 알고 따르지만, 주님은 아십니다. 아직도 저는 아이입니다. 아직도 어디로 가야 할지, 때로 무엇을 해야 할지 모르는 아이입니다.

주님, 저를 도와주옵소서. 저의 힘으로는 아이들에게 아무것도 해 줄 것이 없습니다. 주님만 의뢰합니다. 부모로서 제가 다닐 길을 알게 해 주옵소서.

예수님의 이름으로 기도합니다. 아멘.

> 아침에 나로 주의 인자한 말씀을 듣게 하소서 내가 주를 의뢰함이니이다 내가 다닐 길을 알게 하소서 내가 내 영혼을 주께 드림이니이다 (시 143:8)

자녀를 기다릴 힘을 주소서

기다리시는 하나님, 제게 하나님의 기다림을 배울 수 있는 힘을 주옵소서.

무엇이든 저 혼자 하겠다고 떼쓰던 어린 시절에는 혼자 넘어지는 것도 귀엽고 혼자 쏟는 것도 귀여웠는데, 말귀를 알아듣는 커다란 덩치가 되어서 제 맘대로 하려 할 때는 자녀를 대하는 제 마음을 다스리기 어렵습니다.

오래 참으시는 하나님, 제게도 오래 참는 하나님의 성품을 부어 주옵소서. 머리로는 자녀가 제 소유가 아니라는 것을 알면서도 오랫동안 제 소유인 듯, 제 분신인 듯 여기며 살았습니다.

아이의 머리가 커 가면서 정말로 이제는 그가 제 것이 아님을 느낍니다. 이제 저는 그의 보호자가 될 수 없으며 상담자나 친구가 되기 어렵다고 느껴지기까지 합니다.

곧이어 있을 십자가와 배신을 알면서도 자기 사람들을 사랑하시되 끝까지 사랑하신 예수님(요 13:1), 제게도 예수님의 마음을 부어 주옵소서.

아이가 자란 만큼 저도 자라야 하는데, 아이가 자라는 속도에 비해 제가 변하는 속도는 너무 느립니다. 아이는 자아가 형성되어 자기만의 세계를 가지려 하는데, 저는 아직도 아이의 삶이 저에게서 떨어져 나가는 것을 두려워합니다.

저도 세상이 온통 내 발아래 있는 것 같은 사춘기를 지내와 놓고, 자녀는 늘 겸손하며 예의바르며 목적을 놓치지 않고 삶을 치열하게 살기를 바랍니다. 저 자신도 하지 못한 일을 자녀에게는 꾸준히 요구합니다. 저의 모순된 욕심으로 아이가 병들지 않도록 도와주옵소서.

끝까지 사랑하시는 예수님의 마음을 배우게 하시고 오래 기다리시는 하나님의 마음을 품게 도와주옵소서.

예수님의 이름으로 기도합니다. 아멘.

또 아비들아 너희 자녀를 노엽게 하지 말고 오직 주의 교훈과 훈계로 양육하라 (엡 6:4)